Gerald Hüther

Wege aus der Angst

Über die Kunst, die Unvorhersehbarkeit
des Lebens anzunehmen

Vandenhoeck & Ruprecht

Bibliografische Information der Deutschen Nationalbibliothek:
Die Deutsche Nationalbibliothek verzeichnet diese Publikation in der
Deutschen Nationalbibliografie; detaillierte bibliografische Daten sind
im Internet über https://dnb.de abrufbar.

© 2020, Vandenhoeck & Ruprecht GmbH & Co. KG,
Theaterstraße 13, D-37073 Göttingen
Alle Rechte vorbehalten. Das Werk und seine Teile sind urheberrechtlich
geschützt. Jede Verwertung in anderen als den gesetzlich zugelassenen Fällen
bedarf der vorherigen schriftlichen Einwilligung des Verlages.

Umschlagabbildung: Jamesbin/Shutterstock.com

Satz: SchwabScantechnik, Göttingen
Druck und Bindung: C. H. Beck, Nördlingen
Printed in the EU

Vandenhoeck & Ruprecht Verlage | www.vandenhoeck-ruprecht-verlage.com

ISBN 978-3-525-45387-2

Inhalt

Weshalb ich dieses Buch für Sie geschrieben habe 6

1 Weshalb ist es in bedrohlichen Situationen so hilfreich, dass die Angst den ganzen Körper erfasst? 12

2 Wie schützt uns die Angst vor Bedrohungen und hilft uns, aus unseren Fehlern zu lernen? 18

3 Was verbirgt sich hinter dem Phänomen der Angst? ... 28

4 Wovor haben wir Angst? 44

5 Wie werden unsere Erfolge bei der Bewältigung von Angst strukturell im Gehirn und in der Gesellschaft verankert? 58

6 Weshalb ist das Schüren von Angst die wirksamste Strategie, um Menschen gefügig zu machen? 74

7 Was stärkt unsere Widerstandskraft gegenüber Angst einflößenden Manipulationsversuchen? 86

8 Weshalb ist die Angst unser wichtigster Wegweiser in die Freiheit? 106

Fazit: Was ich mir wünsche 122

Weshalb ich dieses Buch für Sie geschrieben habe

Es gibt Ereignisse, die einem Menschen* zustoßen, oder Situationen, in die sie oder er gerät, die sein Leben bedrohen. Oder die alles zu zerstören drohen, was ihm bisher wichtig war, was er im Verlauf seines bisherigen Lebens aufgebaut und geschaffen hat. Auch solche, die seine Hoffnungen und Sehnsüchte und all das, was er erreichen wollte, mit einem Schlag zunichtemachen. Manchmal reicht auch nur die bloße Vorstellung, dass so etwas passieren könnte. All das macht Angst und das ist nur allzu verständlich. Auch, dass in einer solchen Situation jeder Strohhalm ergriffen wird, um sich aus dieser lähmenden Angst zu befreien.

Bisweilen kann es geschehen, dass nicht nur ein einzelner Mensch durch solche Ereignisse in Angst gerät und nicht mehr weiß, wie es weitergehen soll. Manchmal wird eine ganze menschliche Gemeinschaft von der Angst befallen, fast so, als sei sie ansteckend. Dann werden alle Mitglieder von diesem Strudel aus Hilflosigkeit und Verzweiflung erfasst. Wenn keine Lösung gefunden werden kann, die aus dieser kollektiv empfundenen Angst herausführt, zerfällt die betreffende Gemeinschaft

---

* Ich weiß, dass es zwei oder gar mehr Geschlechter gibt. Der besseren Lesbarkeit wegen verwende ich mal die männliche und mal die weibliche Form.

und jeder Einzelne versucht dann, sein Leben, sein Hab und Gut, seine Familie, oder was immer ihm wichtig erscheint, zu retten. Aber noch nie in der Menschheitsgeschichte ist es bisher vorgekommen, dass sich alle Menschen, überall auf der Welt durch etwas bedroht fühlen, das plötzlich und völlig unerwartet über sie alle hereingebrochen ist: ein Virus aus der Gruppe der Corona-Viren mit der Bezeichnung SARS-CoV-2. Was die gesamte Menschheit in Angst versetzt hat, war aber genau genommen nicht dieses kleine Virus, sondern die sich noch rascher als jeder Krankheitserreger über die Medien global ausbreitende Vorstellung von seiner Gefährlichkeit.

Bedenkenswert ist das deshalb, weil es ja noch eine ganze Reihe anderer Phänomene gibt, die das Überleben der Menschheit auf diesem Planeten ebenfalls bedrohen: dreckige Luft, verunreinigtes Trinkwasser, geplünderte Ressourcen, antibiotikaresistente Keime, abgeholzte Regenwälder, zerstörte Ökosysteme oder nicht mehr aufzuhaltende Klimaveränderungen, Kriege, Hunger und die endlosen Ströme aus ihrer unbewohnbar gewordenen Heimat fliehender Menschen. Weshalb war nichts davon bisher in der Lage, eine sich derart global ausbreitende Angst auszulösen?

Um herauszufinden, weshalb das so ist, habe ich dieses Buch geschrieben. Es ist der Versuch zu verstehen und gemeinsam mit Ihnen herauszuarbeiten, was uns wirklich Angst macht, wie die

Angst unser Denken, Fühlen und Handeln verändert und was uns helfen kann, gar nicht erst in den Würgegriff der Angst zu geraten oder – wenn sie uns erfasst hat – uns möglichst schnell wieder aus ihrem Zugriff zu befreien.

Menschen können einander Angst machen. Sie können andere bedrohen, misshandeln, unterdrücken oder vergewaltigen. Und sie können auch Vorstellungen verbreiten, die andere verunsichern und zutiefst verängstigen. Unsere gesamte, im kollektiven Gedächtnis verankerte Menschheitsgeschichte ist eine Geschichte der Instrumentalisierung dieses Gefühls der Angst zum Zweck der Durchsetzung von Machtinteressen einzelner Herrscher oder nach Herrschaft strebender Cliquen. Wer außerstande ist, das zu durchschauen, und keinen Weg findet, sich aus der von anderen Menschen geschürten Angst zu befreien, wird zu deren willfährigem Opfer.

Jetzt wird es zuversichtlicher: Menschen können einander auch helfen, sich aus dem Würgegriff der Angst zu befreien. Sie können andere einladen, ermutigen und inspirieren, die Welt noch einmal mit anderen Augen zu betrachten. Sie können andere auch dazu bringen, ihre bisher verfolgten Ideen und Vorstellungen zu überdenken und sich selbst als lustvolle Entdecker wiederzuerleben. Wer die Erfahrung machen konnte, wie beglückend es ist, sein Leben selbstbestimmt und selbstverantwortlich zu gestalten, lässt sich nicht mehr einschüchtern.

Und was wir nie vergessen sollten: Wir alle sind ja nicht mit Angst vor dem Leben zur Welt gekommen. Unsere Ängste sind nur deshalb entstanden, weil wir Angst machende Erfahrungen in unseren Beziehungen zu anderen Personen machen mussten. Diese angstbesetzten Erfahrungen verlieren ihre Bedeutung und werden im Gehirn neu verknüpft, wenn wir später erleben dürfen, dass es auch Menschen gibt, die uns so annehmen, wie wir sind, und denen wir vertrauen können. Es ist nie zu spät, verloren gegangenes Vertrauen zu sich selbst und gegenüber anderen Menschen wiederzufinden.

Und nun noch der wichtigste Grund, weshalb ich dieses Buch geschrieben habe: Ich ertrage es einfach nicht, dass noch immer so viele Menschen glauben und sich bis heute von anderen einreden lassen, dass es darauf ankäme, ihre Ängste zu überwinden – oder zu unterdrücken oder gar zu bekämpfen. Und dass dann auch noch alle möglichen Kurse, Seminare und Trainings angeboten werden, in denen die Teilnehmenden lernen sollen, wie sie ihre Angst loswerden.

Im Zusammenhang mit der Angst vor dem Corona-Virus hatte ich es schon angedeutet: Es war nicht das Virus, das diese Angst ausgelöst hat. Es war die Vorstellung einer durch dieses Virus ausgelösten lebensbedrohlichen Erkrankung. Die angesichts einer realen Gefahr erlebte Angst ist nicht das Gleiche wie die durch die Vorstellung einer existentiellen Bedrohung ausgelöste Angst.

Wir müssen Angst haben und brauchen die Angst, ja, wir könnten ohne die von ihr ausgehenden Botschaft, gar nicht überleben. Ihre Botschaft lautet: Du bist in eine lebensbedrohliche Situation oder auf einen gefährlichen Irrweg geraten! Mach etwas, hau ab oder kehre um, ändere dein Leben, sonst ist es vorbei! Es wäre absurd, diese Angst und ihre Botschaft überhören, unterdrücken, verdrängen oder durch Atemübungen oder andere Angstbewältigungsstrategien zum Schweigen bringen zu wollen. Wir können froh sein, dass sie uns zeitlebens begleitet.

Ganz anders verhält es sich aber mit all den vielen, nur in unserer Vorstellungswelt existierenden Bedrohungen und den durch diese Vorstellungen ausgelösten Ängsten. Hilfreich können solche Vorstellungen nur dann sein, wenn sie auch zutreffen. Dann wären auch die durch sie ausgelösten Ängste berechtigt, denn sie würden uns helfen, vorausschauend all das zu vermeiden, was uns in Gefahr bringen könnte.

Aber wie können wir herausfinden, dass eine Angst machende Vorstellung zutreffend und deshalb berechtigt oder unzutreffend und daher unberechtigt ist? Müssten wir nicht viel eher nach geeigneten Wegen suchen, um diese Vorstellung zu überprüfen und gegebenenfalls zu korrigieren, aber nicht nach solchen, die uns helfen, die durch unzutreffende Vorstellungen ausgelösten Ängste loszuwerden?

Jetzt beginnen Sie wahrscheinlich zu ahnen, worauf ich hinauswill: Alle Vorstellungen, die wir Menschen herausbilden, um unser Leben zu bewältigen, erweisen sich bei genauerer Betrachtung als Vorstellungen davon, wie es uns gelingen kann, die Angst zu besiegen. Und wir haben allergrößte Angst davor, dass diese einmal gefundenen, Halt bietenden Überzeugungen ins Wanken geraten.

Am weitesten verbreitet ist die Vorstellung, wir könnten alles, was uns bedroht, durch geeignete Maßnahmen unter Kontrolle bringen. Deshalb betreiben wir Wissenschaft, suchen Rat bei Experten und versuchen, so viel Wissen zu erwerben und uns so viele Fähigkeiten wie möglich anzueignen. Getragen wird dieses Bemühen von der Überzeugung, wir könnten irgendwann einmal alles kontrollieren, was uns bedroht. Alles, was darauf hindeutet, dass diese verständliche Vorstellung unzutreffend sein könnte, macht uns Angst.

Ebenfalls sehr verbreitet ist die Vorstellung, es gäbe besonders kluge, umsichtige und kompetente Personen, die besser als wir wissen, was in schwierigen Situationen zu tun ist, die uns Halt und Sicherheit bieten und uns aus der Gefahr herausführen. Auch diese Vorstellung erweist sich allzu oft als unzutreffend. Und wenn wir feststellen, dass solche Anführer die in sie gesetzten Erwartungen nicht erfüllen könnten, bekommen wir Angst.

Sicher gibt es noch mehrere solcher Vorstellungen, die uns helfen, unsere Ängste zu beschwichtigen – bis sie sich als ungeeignet erweisen. Dann befällt uns eine noch größere Angst. Deshalb geht es in diesem Buch nicht um das Besiegen von Angst. Was ich hier gemeinsam mit Ihnen herausfinden möchte, sind mögliche Wege, die uns herausführen aus der Gefangenschaft unserer eigenen Vorstellungen und Überzeugungen davon, wie sich die Angst besiegen lässt.

Vielleicht ist es ganz anders, als wir es uns bisher vorgestellt haben. Vielleicht ist die Angst gar nichts Bedrohliches. Vielleicht ist sie unser wichtigster Wegweiser auf dem schmalen und leicht zu verlierenden Pfad in die Freiheit.

1 Weshalb ist es in bedrohlichen Situationen so hilfreich, dass die Angst den ganzen Körper erfasst?

Ja, es stimmt: Angst macht uns hilflos. Wir fühlen uns wie gelähmt, es schnürt uns die Kehle ein, das Herz rast, die Knie beginnen zu zittern, kalter Schweiß tritt auf die Stirn und die Haare stehen uns zu Berge. Als ob der Gedanke an das unerwartete und scheinbar unlösbare Problem, das da auf uns zukommt, nicht schon bedrohlich genug wäre, spielt nun auch noch der ganze Körper verrückt. So gesellt sich zur ersten Angst vor der Bedrohung nun allzu leicht noch eine zweite: die vor dem, was jetzt in unserem und mit unserem Körper geschieht.

Recht leicht zu verstehen ist die Botschaft dieser ersten Angst. Lässt sie uns doch so eindringlich spüren, dass unser Leben auf bedrohliche Weise ins Wanken gerät, wenn etwas geschieht, das wir so nicht erwartet hatten. Aber weshalb gibt es auch noch diese andere Angst? Und was will die uns lehren? Bevor wir diese Fragen beantworten, müssen wir noch kurz klären, weshalb die Angst so funktioniert, dass wir es am ganzen Körper spüren.

Die Physiologie der Angst- und Stressreaktion

Eine Angst auslösende Bedrohung führt im Gehirn zur Mobilisierung sogenannter archaischer Notfallreaktionen. Aktiviert werden diese Reaktionen durch spezifische Auslöser auf der

Ebene der Wahrnehmung (etwa bei einem Unfall), viel häufiger aber durch die subjektive Bewertung eines Ereignisses, oft auch im Vorfeld (etwa eine bevorstehende Trennung), wobei es weniger das Ereignis ist, das die Angst auslöst, sondern die befürchteten Folgen dieses Ereignisses für sich selbst oder für Personen, mit denen man sich eng verbunden fühlt oder von denen man abhängig ist.

Deshalb beginnt jede Angstreaktion im Gehirn auch dort, wo wir unsere Bewertungen vornehmen, also im Frontallappen, der komplexesten Region des menschlichen Gehirns. Dort kommt es immer dann, wenn wir eine Diskrepanz bemerken zwischen dem, was wir erwarten oder erhoffen, und dem, was wir real erleben oder wahrnehmen, zu einer unspezifischen Erregung, die sich zu einer Übererregung (Hyperarousal) aufschaukelt.

Unter diesen Umständen ist aus den komplexen neuronalen Netzwerken des Frontalhirns kein »vernünftiges« handlungsleitendes Muster mehr aktivierbar. Das Verhalten, auch das Fühlen und die Reaktionen des Körpers werden jetzt von den tieferliegenden, entwicklungsgeschichtlich früher herausgeformten und stabileren neuronalen Netzwerken bestimmt.

Wenn kein Ausweg aus dieser Situation gefunden wird, übernehmen schließlich die archaischen Notfallprogramme im Hirnstamm das Kommando. Dann bleiben nur noch drei Verhaltensoptionen: Angriff, wenn das nicht geht, Flucht, und wenn beides nicht geht, ohnmächtige Erstarrung. Vernünftig denken kann man dann nicht mehr, auch nicht sich in andere Menschen hineinversetzen, Handlungen planen oder die Folgen einer Handlung abschätzen.

Diese psychische Reaktionskette wird von einer Kettenreaktion auf körperlicher Ebene begleitet, die ebenso wie diese Notfallprogramme der Sicherung des eigenen Überlebens dient und die als physiologische Stressreaktion bezeichnet wird. In einem ersten Schritt kommt es dabei zur Aktivierung des sogenannten sympathiko-adrenomedullären Systems, also zu einer verstärkten Ausschüttung von Noradrenalin an den Enden der Fortsätze des den gesamten Körper durchziehenden sympathischen Nervensystems und zu einer massiven Freisetzung von Adrenalin aus dem Nebennierenmark in den Blutkreislauf. Die Folge ist eine radikale Umstellung des Stoffwechsels und der Funktion aller Körperorgane in einen Modus, der der akuten Sicherung des Überlebens dient (Mobilisierung von peripheren Energiereserven, erhöhter Muskeltonus, Darmentleerung, Blutdruckanstieg etc.). Etwa zehn Minuten später als diese sofort anspringende und über das sympathische Nervensystem ausgelöste »Rettungsreaktion« kommt es zur Aktivierung einer zweiten, langsamer einsetzenden, aber dafür nachhaltiger wirksamen Reaktionskette, des hypothalamo-hypophyseo-adrenocortikalen Systems. Am Ende dieser Kettenreaktion, in deren Verlauf auch ähnlich wie Morphium wirkende endogene Opiate durch die Hypophyse in den Blutkreislauf ausgeschüttet werden, kommt es zu einer massiven Freisetzung von Cortisol durch die Zellen der Nebennierenrinde. Cortisol bremst vor allem die zum »Überhitzen« neigenden akuten Reaktionen ab, die durch die Freisetzung von Noradrenalin und Adrenalin ausgelöst wurden. Es schützt also den Körper gewissermaßen vor möglichen Kollateralschäden der eigenen »Feuerwehr«. Die wichtigste dieser »Bremsfunktionen« ist die Hemmung entzündlicher Prozesse. Eine dauerhafte Aktivierung dieses Systems und der damit einhergehende erhöhte Cortisolspiegel im Blut (bei Dauerstress) hat teilweise langfristige funktionelle und strukturelle Reorganisationsprozesse zur Folge, die zu chronischen Beschwerden führen können (erhöhte Krankheitsanfälligkeit durch Unterdrückung des Immunsystems, Osteoporose, Impotenz etc.).

Die biologische Bedeutung der Angst

Gäbe es die Angst mit ihren unangenehmen Begleiterscheinungen nicht, wären wir nicht überlebensfähig. Wir brauchen die Angst, denn sie macht uns in unübersehbarer und nicht zu verdrängender Weise darauf aufmerksam, dass Gefahr droht. Sie zwingt uns, nach geeigneten Bewältigungsstrategien zur Abwendung oder Überwindung dieser Bedrohung zu suchen. Und wenn wir eine Lösung für das Angst auslösende Problem gefunden haben, dann ist alles gut. Die Angst verschwindet und die physiologische Stressreaktion findet ein natürliches Ende. Die Angst ist kein angenehmes Gefühl und der Rückfall in archaische Notfallmuster der Verhaltenssteuerung ist kein beglückender Zustand. Deshalb sucht jeder Mensch in einer solchen Situation nach Lösungen, die dazu beitragen, ihm diese Erfahrung künftig zu ersparen. Meist wird dann eine der beiden Möglichkeiten gewählt: Entweder man verändert die Verhältnisse, die die Angst auslösen, und versucht, die Welt und die anderen Menschen seinen eigenen Erwartungen und Bedürfnissen anzupassen. Oder man verändert sich selbst und versucht sich und seine eigenen Bedürfnisse an die jeweils herrschenden Verhältnisse anzupassen. Beides kann sich zumindest eine Zeitlang als geeignet erweisen, um solche Angst auslösenden Diskrepanzen zwischen den eigenen Erwartungen und den wahrgenommenen Ereignissen zu vermeiden.
Nur wenigen Menschen gelingt eine dritte Form der Veränderung. Sie manifestiert sich als Bewusstseinswandel. Auf dieser

Stufe wird weder eine Veränderung der Verhältnisse noch des eigenen Verhaltens als wichtigste Voraussetzung zur Überwindung der Angst betrachtet, sondern eine andere Bewertung des im Außen erlebten Geschehens im eigenen Inneren angestrebt. Grundlage dieser neuen Bewertung ist eine veränderte Haltung, eine andere Einstellung der betreffenden Personen gegenüber dem Leben und dem, worauf es im eigenen Leben ankommt. Dabei geht es eher um das Wiederfinden von etwas, was angesichts von Leistungsdruck und Erfolgsstreben oder auch durch eingefahrene Gewohnheiten und Alltagsroutinen verloren gegangen ist. So erweist sich also die Angst als eine in unserem Gehirn und in unserem Körper ausgelöste Reaktion, die uns zu einer eigenen Weiterentwicklung zwingt.

Die versteckte Botschaft der Angst

Die mit der Angstreaktion einhergehende verstärkte Noradrenalin-Ausschüttung führt im Gehirn zur Mobilisierung von Energiereserven und einer Arousal-Reaktion im Gehirn, die wachrüttelt und die Aufmerksamkeit auf das Problem lenkt, das es zu bewältigen gilt. Ist das geschafft, kehrt wieder Ruhe ein. Die periphere sympathische Aktivierung wird abgestellt, im Gehirn wird noch ein Schwapp Dopamin und Endorphin ausgeschüttet und man erlebt einen Zustand, als hätte man gleichzeitig eine kleine Dosis Kokain und Heroin eingenommen. Erfolgserlebnis nennen das die Psychologen und ohne solche Erfolgs- und Aha-Erlebnisse wäre das Leben flach und langweilig. Weil die verstärkte Ausschüttung von Dopamin gleichzeitig auch noch eine Bahnung und Verstärkung der zur Lösung des Problems aktivierten neuronalen Verschaltungen unterstützt, werden aus den anfänglich noch sehr schwachen Verknüpfungen im Gehirn – je häufiger ein Problem auf die gleiche Weise gelöst wird – allmählich immer besser nutzbare Nervenwege, dann Straßen und am Ende sogar Autobahnen. Und diese können wir dann später oft nur schwer wieder verlassen. Wer also Probleme immer wieder auf die gleiche, eingefahrene Weise zu lösen versucht und dabei auch noch meint, alles im Griff zu haben, gerät allzu leicht in Angst und Panik, wenn eine Situation entsteht, für die eine ganz andere, neuartige Lösungsstrategie gefunden werden müsste.

Vor allem solche Personen, die bisher extrem erfolgreich bestimmte Strategien eingesetzt haben, um alles, was ihnen Angst machte, unter Kontrolle zu halten und zu beherrschen (auch sich selbst), verlieren auf diese Weise allzu leicht den Kontakt zu ihrem Körper. Oft betrachten sie ihn sogar als ein Instrument, das es zu kontrollieren gilt und das optimiert werden muss, um die von ihnen angestrebten Ziele zu erreichen. Dabei kommt ihnen das Gefühl für ihren eigenen Körper zunehmend abhanden, sie werden gewissermaßen taub für die dort generierten Signale.

Die in bedrohlichen Situationen ausgelösten körperlichen Reaktionen machen ihnen Angst. Aber diese Angst wird nun nicht durch das konkrete Ereignis, sondern durch die ihnen so fremd gewordenen Reaktionen ihres eigenen Körpers ausgelöst. Hier hilft diesen Personen all das nicht mehr weiter, was sie normalerweise bisher immer wieder erfolgreich eingesetzt hatten: Verdrängung, Ablenkung, Aufregung, auch nicht noch mehr Arbeit oder etwa eine Urlaubsreise. Sie müssten lernen, die hinter dieser Angst verborgene Botschaft zu verstehen, und sich mit dem Umstand anfreunden, dass sich im Leben nicht alles kontrollieren lässt. Oder positiver ausgedrückt: Sie müssten die Demut wiederentdecken, die darin besteht, das Leben so anzunehmen, wie es ist.

2 Wie schützt uns die Angst vor Bedrohungen und hilft uns, aus unseren Fehlern zu lernen?

Neuroplastizität nennen die Hirnforscher die Fähigkeit des Gehirns, die für bestimmte Leistungen zuständigen neuronalen Verknüpfungen und synaptischen Netzwerke so herauszubilden, wie sie sich am besten für die Umsetzung all dessen eignen, was einem Menschen in seinem Leben wichtig erscheint. Dass unser Gehirn nicht mehr durch genetische Anlagen programmiert wird, sondern zeitlebens umbaufähig, also lernfähig bleibt, ist eine atemberaubende Erkenntnis. Keine andere Spezies kommt mit einem derart offenen, durch eigene und von anderen übernommene Erfahrungen in seiner strukturellen Ausformung gestaltbaren Gehirn zur Welt wie wir Menschen. Weder ein Regenwurm noch ein Krokodil oder ein Kuckuck muss erst im Lauf seines Lebens lernen, was ihm guttut und was er zu tun und zu lassen hat, um möglichst lange zu leben und Nachkommen hervorzubringen. Die über viele Generationen hinweg durch Mutation, Rekombination und Selektion optimierten genetischen Programme dieser nur sehr begrenzt lernfähigen Tiere steuern die Herausbildung ihrer körperlichen Merkmale, auch die strukturelle Ausformung ihres Gehirns – und so auch ihres Verhaltens – auf die stets gleiche, artspezifische Weise.
Damit finden sich diese Tiere dann auch in ihrer jeweiligen Lebenswelt, für die sich diese genetischen Programme optimiert haben, optimal zurecht. Wenn sich diese Welt aber zu verän-

dern beginnt, stehen sie vor einem unlösbaren Problem. Sie können weder ihre festgefügten Verhaltensweisen noch die Welt, in der sie leben, so verändern oder umgestalten, wie es für ihr Fortbestehen erforderlich wäre. Weil sie für eine sich fortwährend verändernde Welt zu starr, zu wenig anpassungsfähig sind, sterben sie irgendwann aus.
Bessere Überlebenschancen haben all jene Tiere, deren Gehirnentwicklung weniger streng durch genetische Programme gesteuert wird. Die können im Lauf ihres Lebens noch lernen, auch unter diesen etwas anderen Bedingungen weiterzuleben und sich fortzupflanzen. Auch ihren eigenen Lebensraum und ihre eigenen Lebensbedingungen können sie in gewissem Umfang selbst zu gestalten lernen. Mit ihrem zumindest einigermaßen lernfähigen Gehirn können sie auch in einer Welt überleben, die nicht für immer und ewig so bleibt, wie sie einmal war. Deshalb ist es kein Wunder, dass in diesem fortwährenden, über viele Millionen Jahre andauernden Selbstoptimierungsprozess schließlich eine Spezies mit einem so enorm lernfähigen Gehirn entstanden ist wie wir Menschen. Fast überall und sogar unter äußerst lebensfeindlichen Bedingungen haben Vertreter unserer Spezies gelernt, am Leben zu bleiben und sich fortzupflanzen. Das dabei erworbene Wissen und Können, die dabei gemachten Erfahrungen und die daraus abgeleiteten Vorstellungen werden in diesen menschlichen Gemeinschaften dann

auch noch von anderen übernommen und transgenerational weitergegeben. Das ist ein Selektionsvorteil, der kaum noch zu überbieten ist. Aber in ihm verbirgt sich auch eine enorme Gefahr.

Wir müssen erst lernen, wie das Leben geht

Genau das unterscheidet uns ja so grundsätzlich von den Tieren: Im Gegensatz zu ihnen wird unser Verhalten nicht mehr von angeborenen, fest im Hirn verankerten und durch entsprechende Auslöser in Gang gesetzte Verhaltensweisen bestimmt. Wir müssen erst lernen, was wir wann zu tun und zu lassen haben.
Deshalb verpaaren wir uns nicht nur im Frühjahr, wenn der Testosteronspiegel ansteigt. Deshalb müssen wir nicht sofort nach etwas Essbarem suchen, wenn der Magen zu knurren beginnt. Deshalb müssen wir auch nicht ständig unser Revier markieren oder wie ein Hahn herumkrähen, damit andere wissen, wo wir zu Hause sind, und uns dort in Ruhe lassen.
Was uns dazu bringt, uns so zu verhalten, wie wir uns verhalten, sind eben nicht mehr irgendwelche Triebe und Instinkte, sondern unsere jeweiligen Vorstellungen. Und die haben wir uns selbst aufgrund vorangegangener eigener Erfahrungen in Form bestimmter Nervenzellverschaltungen ins Hirn gebaut oder von anderen, uns wichtigen Personen übernommen. Da wir in eine Lebenswelt hineinwachsen, die weitgehend von all dem bestimmt ist, was andere vor uns bereits geschaffen haben, können wir zwangsläufig auch nur solche Erfahrungen machen, wie sie in unserer Familie, unserem Dorf, unserer Stadt, unserer Gegend, unserem jeweiligen Kulturkreis möglich sind. Unsere Vorstellungen davon, worauf es im Leben ankommt, was uns erstrebenswert erscheint und wie wir uns in bestimmten Situationen zu verhalten haben, sind also gebunden an die von anderen

Menschen nach ihren Vorstellungen gestalteten Erfahrungsräume in Form der von ihnen geschaffenen Verhältnisse und Lebensbedingungen. Zwangsläufig passen deren Vorstellungen zu der von ihnen geschaffenen und gestalteten Lebenswelt. Wenn wir als Heranwachsende diese Vorstellungen übernehmen oder sie aufgrund der dort machbaren Erfahrungen selbst herausbilden, dann passen auch unsere eigenen Vorstellungen meist recht gut zu den jeweiligen Gegebenheiten und Verhältnissen, innerhalb derer wir aufgewachsen sind und in denen wir leben.

Wir sind und bleiben Suchende ein Leben lang

Aus dem Umstand, dass wir Menschen zunehmend besser lernen, unsere eigene Lebenswelt nach unseren Vorstellungen zu gestalten, diese Vorstellungen aber von unseren Erfahrungen in dieser so geschaffenen Lebenswelt bestimmt werden, erwächst ein zunehmend deutlicher zutage tretendes Problem: Die von den Mitgliedern einer Familie, eines Dorfes, einer Stadt, eines Kulturkreises nach ihren Vorstellungen geschaffenen Lebensbedingungen stabilisieren und reproduzieren dieselben Vorstellungen, nach denen auch schon ihre Vorfahren diese jeweilige Lebenswelt gestaltet hatten. Die betreffende Gemeinschaft schwimmt dann sprichwörtlich »in der von ihr selbst gekochten Suppe«. Solange sich nichts ereignet, was diese nach ihren Vorstellungen gestaltete Welt durcheinanderbringt und in Frage stellt, sind die Mitglieder solcher Gemeinschaften fest davon überzeugt, sie hätten alles im Griff. Es gibt dann für sie weder einen Grund, an der Gültigkeit der bisher von ihnen umgesetzten Vorstellungen zu zweifeln noch die nach diesen Vorstellungen geschaffene Lebenswelt in Frage zu stellen. In ihren Augen sind sie mit völlig richtigen Vorstellungen auf einem völlig richtigen Weg und auch genau in die richtige Richtung unterwegs.

So empfindet das jede und jeder Einzelne und darin bestärken sich auch alle gegenseitig. Jede und jeder Einzelne und damit auch die jeweilige Gemeinschaft wird aufgrund der Starrheit ihrer Vorstellungen zunehmend unflexibel. Gelingt es ihnen nicht, diese Vorstellungen zu öffnen, ereilt sie das gleiche Schicksal, wie es auch schon all jene tierischen Vorfahren ereilt hat, die an der Unveränderbarkeit der ihr Verhalten bestimmenden genetischen Anlagen gescheitert sind und die – weil wir ihre bisherige Lebenswelt zu sehr verändern – auch heute noch aussterben.

Zwar können Menschen eine Zeitlang versuchen, ihre Vorstellungen und ihre danach gestaltete Lebenswelt aufrechtzuerhalten, indem sie sich von all dem, was sie in Frage stellt, abgrenzen, zurückziehen oder sich in einem entlegenen Winkel verstecken. Sie können sich auch gegenseitig beschwichtigen oder sich mit anderen Beschäftigungen ablenken. Und sie können auch versuchen, all das zu bekämpfen, was ihre bisherigen Vorstellungen und Überzeugungen bedroht. Aber dauerhaft wird ihnen das ebenso wenig gelingen wie allen an der Starrheit ihrer genetischen Anlagen und der von ihnen festgelegten unflexiblen Verhaltensweisen gescheiterten Tiere.

Es nützt also letztlich nichts, ein zeitlebens lernfähiges Gehirn herausgebildet zu haben, wenn man es dazu benutzt, sich eine ganz bestimmte Vorstellungswelt und eine dazu passende, allzu enge Lebenswelt zusammenzubauen. »Alles fließt«, hatte schon Heraklit erkannt, aber es hat zwei Jahrtausende gedauert, bis sich nun allmählich die Einsicht durchzusetzen beginnt, dass nichts von dem, was wir Menschen zu erschaffen imstande sind, so bleiben wird, wie es einmal war. Auch unsere Vorstellungen und Überzeugungen müssen sich verändern. Nur so ist es uns möglich, in einer sich ständig und immer weiter verändernden Welt nicht nur lebendig, sondern auch glücklich, gesund und entwicklungsfähig zu bleiben. Und das Wichtigste: Niemand von uns weiß, wie das Leben geht und worauf es für ein gelingendes Leben ankommt. Auch nicht diejenigen, die das behaupten. Wir sind und bleiben alle Suchende.

Wir müssen erst durch immer neue Versuche herausfinden, wie wir unser Leben und unser Zusammenleben – auch mit allen anderen Lebewesen – so gestalten können, dass sich das endlich entfalten kann, was unsere natürliche Bestimmung zu sein scheint: vom Benutzer zum Bewahrer alles Lebendigen und der in allen Lebensformen angelegten schöpferischen Kraft zu werden.

Die Angst ist unser wichtigster Wegweiser auf der Suche nach einem gelingenden Leben

Stellen Sie sich vor, sie seien ein Pantoffeltierchen, also ein winziger Einzeller, und würden bemerken, dass sich in dem kleinen Tümpel, in dem Sie herumschwimmen, etwas, das Sie zum Überleben brauchen, zu verändern beginnt. Die Wassertemperatur beispielsweise könnte ansteigen und Sie hätten keine Möglichkeit, das aufzuhalten. Sie würden dann wohl versuchen, dorthin zu schwimmen, wo es noch etwas kühler ist. Wenn das nicht hilft, gerät ihr kleiner Pantoffeltierkörper in Stress, manche Stoffwechselaktivitäten werden dann automatisch heruntergeregelt, andere – für die Bewältigung dieser Affenhitze geeignetere – werden hochgefahren. Wenn das alles nicht hilft, fängt Ihre innere Maschinerie an, bestimmte Stoffe zu produzieren, die in ihren Zellkern wandern und dort die Abschreibung von bestimmten DNA-Sequenzen stimulieren, aus denen dann Eiweiße produziert werden, die Ihr Körper benutzt, um den gesamten Stoffwechsel herunterzufahren, den Zellkörper einzuschrumpfen und eine feste Hülle darum zu bauen. Dann sehen Sie aus wie ein winziges Staubkorn. Aber die Hitze kann Ihnen nun nichts mehr anhaben. Der Tümpel wird austrocknen und der darüber hinwegfegende Wind wird Sie irgendwo hintragen. Wenn Sie Glück haben, in einen anderen, besseren Tümpel.

So, nur etwas anders, ginge es Ihnen auch, wenn Sie ein Regenwurm, ein Krokodil oder irgendein anderes, nicht lernfähiges Tier wären, dessen Verhaltensweisen von genetischen Anlagen festgelegt sind. Entweder kann, wenn Gefahr droht, eine geeignete, lebensrettende Verhaltensweise aktiviert werden oder Ihr Leben ist zu Ende. Denn das, was die Pantoffeltierchen noch können, sich also abkapseln und in ein Staubkorn verwandeln, können diese hochentwickelten Vielzeller nicht mehr. Stress, so wie die Pantoffeltierchen, haben sie auch, der löst auch in ihnen bestimmte Selbstrettungsreaktionen aus. Aber Angst zu haben brauchen Sie als Regenwurm oder als Krokodil nicht. Die würde Ihnen auch nichts nützen, wenn Ihre Reaktionen so automatisch programmiert ablaufen.

Auch wir Menschen kennen Situationen, in denen wir fast genauso spontan und automatisiert reagieren. Wenn ein Löwe plötzlich vor uns steht, zum Beispiel. Oder wenn unser Auto auf Glatteis wegzurutschen beginnt. In beiden Fällen tun wir dann etwas, sofort und ohne nachzudenken. Dann haben wir gar keine Zeit, Angst zu empfinden. Deshalb nennen wir das Gefühl, das in solchen Situationen auftaucht, auch nicht Angst, sondern Furcht. Hinterher, wenn es vorbei ist und uns klar wird, dass es gerade noch einmal gut gegangen ist, und wir uns vorstellen, was alles hätte passieren können, dann erst breitet sich die Angst in uns aus und erfasst unseren ganzen Körper.

Hier wird schon deutlich, dass die Angst etwas mit Nachdenken zu tun hat. Und nachdenken können wir nur dann, wenn es auch etwas zum Denken gibt. Genau dazu müssen wir also irgendwelche Vorstellungen wachrufen, die etwas mit dem erlebten Geschehen zu tun haben. Die kommen dann hoch und die sind es, die uns nun Angst machen. Wir sollten dankbar dafür sein, dass es so ist. Stellen Sie sich nur einmal vor, Sie hätten nicht die Möglichkeit, das gerade so schrecklich Erlebte und dank Ihrer automatischen Reaktionsweise unbeschadet Überlebte, noch einmal in Gedanken durchzugehen. Nur so können Sie es mit all dem vergleichen, was Sie bisher schon an Gefahren erlebt und wie Sie die damals gemeistert haben. Ohne so einen gedanklichen Abgleich wäre es Ihnen nicht möglich, sich vorzustellen, wie Sie sich beim nächsten Mal in einer ähnlichen Situation noch etwas günstiger verhalten könnten.

Viel häufiger erleben wir Angst aber nicht, nachdem uns etwas Furchtbares zugestoßen ist, sondern dann, wenn wir uns vorstellen, dass etwas Bedrohliches passieren könnte. Da ist es dann die bloße Vorstellung, die uns Angst macht. Auch dafür, dass uns dieses auf zukünftige Bedrohungen ausgerichtete Empfinden möglich ist, sollten wir dankbar sein. Hilft es uns doch, gefährliche Situationen zu vermeiden, indem wir dann lieber doch nicht das machen, was wir eben noch vorhatten. Bisweilen können wir aber aus irgendwelchen Gründen gar nicht anders, als das fortzusetzen, was wir gerade begonnen hatten, obwohl wir Angst davor haben, dass es schiefgehen und gefährlich enden könnte. Wunderbar, wenn es klappt! Aber wie hätten wir ohne diese Angst lernen können, dass die Vorstellung, es könnte bedrohlich enden, zumindest in dieser Situation unberechtigt war? Und wenn es tatsächlich schiefgegangen ist, bestätigt es uns, so etwas künftig zu unterlassen.

Angst bekommen wir am häufigsten immer dann, wenn wir erleben müssen, dass unsere Vorstellungen davon, wie wir leben wollen, was unser Leben ausmacht und was wir für ein glückliches Leben brauchen, sich nicht verwirklichen lassen. Dann haben wir das Gefühl, dass der Boden, auf dem wir stehen, unter unseren Füßen wegrutscht. Das macht Angst und treibt manche Menschen sogar in die Verzweiflung. Alles, was sie bisher gemacht und geschaffen haben, wofür sie sich mit aller Kraft eingesetzt und gekämpft haben, was ihrem Leben bisher Halt, Orientierung und Sinn geboten hatte, bricht dann wie ein Kartenhaus in sich zusammen. Das ist schrecklich. Davor, dass ihnen genau das zustoßen könnte, haben die meisten Menschen allergrößte Angst. Und dennoch, auch hier: Wie sollte ein Mensch jemals zu der Einsicht gelangen, dass er sich mit seinen Vorstellungen davon, worauf es im Leben ankommt, völlig verrannt hat?

Mit unserem plastischen, lernfähigen Gehirn sind und bleiben wir Menschen zeitlebens Suchende. Wir können nicht wissen, was richtig und was falsch ist. Wir müssen dazu eine Vorstellung herausbilden und diese dann ausprobieren. Und natürlich können wir uns dabei irren, bisweilen sogar völlig verirren. Das gilt für jeden einzelnen Menschen, aber ebenso für eine ganze menschliche Gemeinschaft. Wenn wir auf solchen Irrwegen keine Angst bekämen, hätten wir auch keine Veranlassung, jemals nach einem anderen, geeigneteren Weg zu suchen.

3 Was verbirgt sich hinter dem Phänomen der Angst?

Wer in jeder bedrohlichen Situation genau weiß, was er zu tun hat, kennt keine Angst. Automaten und Roboter funktionieren so. Ihre Konstrukteure und Programmierer haben sich vorher überlegt, was so einem Roboter alles zustoßen und ihn unbrauchbar machen oder gar zerstören könnte. Und für all das, was ihnen dabei eingefallen ist, haben sie ein Programm eingebaut. Das wird beim Eintreten derartiger Situationen aktiviert und setzt dann automatisch ablaufende Prozesse in Gang, die geeignet sind, die Integrität und Funktionstüchtigkeit des betreffenden Roboters aufrechtzuerhalten. Es ist auch möglich, diese Programme so zu gestalten, dass sie sich durch Versuch und Irrtum für bestimmte Einsatzgebiete eines solchen Automaten selbst optimieren. Das wirkt dann so, als seien diese Roboter lernfähig oder sogar »künstlich intelligent«.
So ähnlich wie diese Automaten, nur weitaus komplizierter, funktioniert auch das Gehirn von Krokodilen und das aller anderen noch einfacheren Tiere. Sie alle haben einen fest ins Hirn eingebauten, angeborenen Auslösemechanismus, der bestimmte, ebenso fest verankerte, genetisch programmierte neuronale Netzwerke aktiviert. Dadurch werden dann Verhaltensreaktionen in Gang gesetzt, die geeignet sind, einer eingetretenen Gefahr zu entgehen. Zwischen der Wahrnehmung einer Bedrohung und der Reaktion auf diese Bedrohung bleibt diesen Tieren gar keine Zeit, um Angst zu empfinden. Wenn

diese Automatismen sich aber als ungeeignet erweisen, um die eingetretene Gefährdung des betreffenden Tieres abzuwenden, kommt es zu einer fortschreitenden Destabilisierung seiner inneren Ordnung, die alle Ebenen des Organismus erfasst. Die Tiere werden anfälliger für Krankheiten, auch für virale Infekte. Es kommt zu tiefgreifenden Veränderungen der Genregulation, sogenannten epigenetischen Effekten, und zu Veränderungen von Gensequenzen durch vermehrte Mutationen und den Einbau viraler Genabschnitte, sogar in den Keimzellen. Diese automatisch ablaufenden Reorganisationsprozesse können dazu führen, dass ihre Nachkommen günstigere genetische Voraussetzungen für die Bewältigung derartiger Bedrohungen mitbringen und auch weitervererben. Dazu zählt auch die Fähigkeit, ein nicht so stark programmiertes Gehirn herauszubilden, mit dem sie auch noch im Lauf ihres Lebens Erfahrungen sammeln und lernen können, was alles gefährlich ist und wie sich solche Bedrohungen abwenden lassen.

Lebendig zu sein heißt, sich selbst verändern zu können

Jetzt wird deutlich, was alle Roboter und Automaten von lebendigen Wesen unterscheidet: Lebewesen sind in ihrem Inneren – und sogar bis hinab in ihre genetischen Anlagen – erschütterbar. Ihre innere Organisation ist destabilisierbar. Und in diesen brüchig gewordenen, fragilen, instabilen Zuständen eröffnet sich für ein Lebewesen die Chance, dass sich seine genetischen Programme, seine zellulären und körperlichen Regelmechanismen und die dafür erforderlichen Strukturen auf eine andere, günstigere Weise herausformen, zusammenfügen und umorganisieren. Ein Lebewesen, das nicht mehr in seinem Inneren zu erschüttern ist, lebt nicht mehr. Es funktioniert nur noch. Es kann sich nicht mehr selbst verändern, nur noch Tätigkeiten ausführen und lernen, wie das immer perfekter, immer schneller und immer effektiver geht – wie ein Automat.

Das unüberwindbare Problem, das Automaten und Roboter haben und das sie daran hindert, hinzubekommen, was Experten als künstliche Intelligenz und »deep learning« bezeichnen, besteht darin, dass sie von Menschen zusammengebaut und programmiert werden. Um auch nur annähernd an die Leistungen eines Lebewesens heranzukommen, müssten sie in der Lage sein, sich selbst zusammenzubauen. Genau das, die immanente Fähigkeit zur Selbstorganisation, ist es, was alles Lebendige auszeichnet. Lebewesen machen das aber nicht bewusst, es geschieht in ihnen von ganz allein, ob sie es wollen oder nicht. Herausgebildet hat sich diese Fähigkeit, die eigene innere Organisation neu zu ordnen und damit das eigene Fortbestehen auch angesichts sich verändernder, äußerer Rahmenbedingungen zu sichern, schon bei den allerersten Lebensformen. Entstanden sind daraus in einem langen evolutionären Prozess zunächst solche Lebewesen, bei denen lebensbedrohliche Veränderungen zu einer Destabilisierung ihrer genetischen Anlagen führten und die Möglichkeit zu deren Umorganisation boten.

In Jahrmillionen ist auf diese Weise eine unglaubliche Vielfalt an Lebensformen entstanden. Manche von ihnen, die wie die Pfeilschwanzkrebse (Nautilus) einen Lebensraum besiedeln konnten, der sich später kaum noch veränderte, gibt es noch heute. Aber all jene, die dort lebten, wo auch noch viele andere unterwegs waren und mit ihren Aktivitäten ständig für Veränderungen der jeweiligen Lebenswelt sorgten, konnten nur am Leben bleiben, wenn sie eine hinreichend destabilisierbare und deshalb umbaufähige innere Organisation besaßen. Besonders vorteilhaft für das Überleben in einer sich ständig verändernden Welt war es, als durch diese inneren Reorganisationsprozesse die Fähigkeit entstand, diese Veränderungen möglichst früh zu erkennen und sie durch eigene Aktivitäten zu kontrollieren. Damit einher ging die Herausbildung eines Nervensystems mit entsprechenden Sinnesorganen und einer zentralen Vernetzung in Form eines Gehirns. Anfangs war das noch recht starr programmiert, vorteilhafter erwiesen sich lernfähige Gehirne, und die sind in diesem sich selbst organisierenden Prozess der Evolution des Lebendigen dann auch herausgebildet worden. Bis schließlich sogar eine Spezies entstanden war, deren Mitglieder von Generation zu Generation immer besser gelernt haben, sich eine eigene Lebenswelt nach ihren Vorstellungen zu schaffen. Damit sind wir nun im Hier und Jetzt und bei uns angekommen.

Das Leben lässt sich weder beherrschen noch kontrollieren

Nachdem es Menschen so gut gelungen ist, den ganzen Erdball zu besiedeln und besonders erfolgreiche Vertreterinnen und Vertreter unserer Spezies die Welt weitgehend so gestaltet haben, wie es ihnen vorschwebte, bemühen die sich nun auch darum, all das von ihnen Erschaffene möglichst lange zu bewahren. Das ist verständlich und erklärt ihr krampfhaftes Bestreben, sich vor allem zu schützen und alles abzuwehren, was diese nach ihren Vorstellungen gestaltete Lebenswelt zu verändern droht. Deshalb versuchen sie mit aller Kraft, die Kontrolle über diese Veränderungen zu gewinnen und aufrechtzuerhalten. Dass das in einer global vernetzten, digitalisierten und auf ökonomisches Wachstum ausgerichteten Welt nicht funktionieren kann, wird schon seit einiger Zeit zunehmend deutlicher. Deshalb kommt es nun zu einem fortschreitenden inneren Destabilisierungsprozess unserer bisherigen »Weltordnung«. Die beiden Weltkriege des letzten Jahrhunderts waren die ersten, katastrophal endenden Vorboten des Zerfalls dieser alten Ordnung. Weder der sich ausbreitende Terrorismus noch die angerichteten Umweltschäden, die Klimaveränderungen und das Artensterben, noch nicht einmal das immense Bevölkerungswachstum sind durch die aus dieser bisherigen inneren Ordnung ableitbaren Strategien und einsetzbaren Maßnahmen unter Kontrolle zu bringen. Auch der Versuch, die eigene Vorstellung von der Beherrschbarkeit und der Kontrollierbarkeit von Gefahren dadurch aufrechtzuerhalten, in dem noch einmal anhand der Bekämpfung eines sich rasch ausbreitenden Virus gezeigt wird, wie es geht, führte nicht mehr zu dem gewünschten Ergebnis. Im Gegenteil, dieser Versuch hatte nur weitere und immer tiefer reichende Destabilisierungsprozesse der bisherigen inneren Ordnung des gegenwärtigen Gesellschaftssystems zur Folge.

Das Leben ist ein sich selbst organisierender Prozess

Die wirklich großen Transformationsprozesse beginnen alle mit der schmerzlichen Einsicht, dass die Vorstellungen, denen Menschen bisher gefolgt sind und auf deren Grundlage sie ihr Leben gestaltet haben, unzutreffend und deshalb irreführend sind. Dieses Eingeständnis trifft uns als vermeintlich vernunftbegabte Wesen im Innersten, erschüttert unser Selbstbild, auch unser Weltbild. Aus dieser tiefen inneren Verunsicherung heraus weitet sich dann aber bisweilen auch der Blick und bietet die Chance, uns selbst und die Welt, in der wir leben, mit anderen Augen zu betrachten.

Manchmal erleben wir das, was wir dann plötzlich zu sehen beginnen, wie eine Offenbarung und wir begreifen, dass der Zauber des Lebens nicht darin besteht, dass es funktioniert und der Alltag bewältigt wird. Sondern dass wir mit unserem Dasein eingebettet und getragen sind im großen Fluss des Lebens, das sich selbst immer wieder neu organisiert, vielleicht ist es sogar zutreffender, wenn wir sagen: »neu erfindet«.

Dass dieser lebendige Fluss uns Menschen als eine Lebensform hervorgebracht hat, die zu verstehen in der Lage ist, dass das Leben von nichts und niemand gemacht, geschweige denn benutzt oder kontrolliert werden kann, ist nur schwer mit dem nackten Verstand begreifbar. »Selbstorganisation« heißt das Zauberwort für dieses Wunder. Schon die Herausbildung des Universums, unseres Sonnensystems, unseres Planeten ist das sich fortwährend wandelnde materielle Ergebnis sich selbst organisierender Prozesse und Wechselbeziehungen. Und auch auf unserer Erde hat nicht irgendein Gott oder Geist das Leben und die Vielfalt lebendiger Lebensformen hervorgebracht. Alles hat sich von selbst so organisiert, wie es bis heute geworden ist. Auch wir Menschen mit unserem zeitlebens lernfähigen Gehirn sind aus diesem sich selbst organisierenden Prozess hervorgegangen.

Aber diese Erkenntnis allein hilft uns nicht weiter, denn wenn sich etwas von selbst organisiert, kann dabei alles Mögliche herauskommen. Es muss also etwas geben, das diesen Prozess in eine bestimmte Richtung lenkt. Und so eine lenkende Kraft gibt es tatsächlich. Sie ergibt sich aus dem, was alle lebenden Systeme schaffen müssen, um den Zweiten Hauptsatz der Thermodynamik nicht zu verletzen: Energie sparen.*

---

* Der Erste Hauptsatz der Thermodynamik besagt, dass Energie (in welcher Form sie auch immer vorliegt oder in welche sie verwandelt wird) niemals verloren gehen kann (»Energieerhaltungssatz«). Der Zweite Hauptsatz der Thermodynamik wurde Mitte des 19. Jahrhunderts von Rudolf Clausius formuliert und beschreibt die Richtung aller spontanen Energieübertragungsprozesse (damals noch am Beispiel der Wärmeenergie): »Es gibt keine Zustandsände-

Für den Aufbau und die Aufrechterhaltung ihrer jeweiligen Strukturen und Leistungen brauchen alle Lebewesen ziemlich viel Energie, Pflanzen in Form von Lichtenergie, Tiere in Form der von Pflanzen erzeugten Glukose und der daraus hergestellten Kohlenhydrate. Nur wenn es gelingt, den zum Aufbau und zur Aufrechterhaltung ihrer inneren Organisation erforderlichen Energieaufwand so gering wie möglich zu halten, können lebende Systeme ihren Fortbestand sichern. Das gilt für jede Zelle, jeden Organismus, auch für das Gehirn. Aber genauso für Gemeinschaften, also Familien, Vereine, Unternehmen, auch für ganze Gesellschaften und für jedes Ökosystem.

Schafft es ein lebendes System nicht, diese zur Aufrechterhaltung seiner Integrität und seiner Lebensfunktionen erforderliche Energie bereitzustellen, zerfällt es. Die in seinen Bestandteilen materialisierte Energie verteilt sich – gemäß dem Zweiten Hauptsatz der Thermodynamik – dann wieder gleichmäßig im Universum.

Kohärenz ist der von allem Lebendigen angestrebte Zustand

Der Zustand, in dem eine Zelle, ein Organismus, eine Familie oder eine Gesellschaft nur geringste Mengen an Energie verbraucht, ist der, in dem alles, was dort abläuft, möglichst gut

---

rung, deren einziges Ergebnis die Übertragung von Wärme von einem Körper niederer auf einen Körper höherer Temperatur ist.« Allgemeiner ausgedrückt: Energie »fließt« von selbst immer dorthin, wo weniger Energie vorhanden ist. Sie tendiert also dazu, sich gleichmäßig im Universum zu verteilen. Der wahrscheinlichste Zustand ist immer der der größtmöglichen Unordnung, der Strukturlosigkeit (»Entropie«, Ludwig Boltzmann). Lebewesen bauen eine eigene Ordnung auf, indem sie Energie aufnehmen. Sie werden so gewissermaßen zu »Inseln in einem Meer von Unordnung« (Erwin Schrödinger) und sie zerfallen, wenn die zur Aufrechterhaltung ihrer inneren Ordnung erforderliche Energie deren Verfügbarkeit übersteigt.

zusammenpasst. Im Gehirn ist das immer dann der Fall, wenn ältere Bereiche reibungslos mit jüngeren, die rechte Hemisphäre optimal mit der linken zusammenarbeiten, wenn das Denken, Fühlen und Handeln eine Einheit bilden, Erwartungen mit den Realitäten übereinstimmen, wenn nichts stört und man sich eng mit anderen, mit der Natur oder gar dem ganzen Universum verbunden fühlt. Diesen Zustand nennen die Hirnforscher »Kohärenz«. Jede Zelle im Gehirn, jedes neuronale Netzwerk und das gesamte Gehirn organisiert seine inneren Beziehungen immer wieder so, dass dieser wenig Energie verbrauchende, kohärente Zustand hergestellt und aufrechterhalten werden kann. Was allen sich selbst organisierenden Prozessen also eine Richtung verleiht, in die sie dann auch von ganz allein gelenkt werden, ergibt sich aus der Notwendigkeit zum Energiesparen. Der paradiesische Zustand, den alles Lebendige anstrebt, in dem alles optimal zusammenpasst und kaum noch Energie verbraucht wird, ist allerdings – auch wenn wir ihn so sehnsuchtsvoll herbeiwünschen – unerreichbar. Jedenfalls solange wir leben. Denn es gibt immer irgendetwas, das die innere Ordnung stört. Schon wenn wir die Augen öffnen, entsteht in unserer Sehrinde ein Signalmuster, das dort erst mit den bereits durch vorangegangene Seheindrücke herausgebildeten Vernetzungsmustern abgestimmt werden muss. Dabei wird solange vermehrt Energie verbraucht, bis der neue Seheindruck zu einem dieser bereits bekannten Eindrücke passt. Erst dann erkennen wir das, was unsere Augen sehen.

Der Energieverbrauch im Gehirn steigt dramatisch an, sobald wir nun auch noch zu denken anfangen, ein Problem lösen müssen, Konflikte haben oder etwas Neues lernen sollen. All das zählt daher nicht zu den Lieblingsbeschäftigungen eines menschlichen Hirns. Es führt zunächst zu unangenehmen Gefühlen und schließlich sogar auf körperlicher Ebene zu einem Zustand von Erschöpfung. Das ist unangenehm und das vermeiden wir deshalb lieber. Und wir haben ja auch alle ziemlich gut gelernt, wie das geht: durch Verdrängung, Ablenkung, Abspaltung, durch Weghören und Wegschauen, durch Abschalten, Verleugnen und was es da noch alles für Strategien zur Selbstberuhigung geben mag.

Aber auch ohne unser derart bewusstes oder unbewusstes Zutun funktioniert das Gehirn aus sich selbst heraus so, dass sein Energieverbrauch möglichst niedrig bleibt. Eine besonders interessante und wirksame Strategie ist die in der Arbeitsweise unseres Gehirns angelegte Tendenz zur Komplexitätsreduktion. Das hört sich schwierig an, ist aber etwas, das wir alle kennen, nämlich die Herausbildung von Automatismen und von übergeordneten Mustern zur koordinierten Steuerung einer Vielzahl von Einzelaktivitäten und Einzelreaktionen. Laufen beispielsweise können wir (fast) alle. Das funktioniert normalerweise ganz von allein, unbewusst und ohne nachzudenken. Aber als wir es im ersten Lebensjahr erlernt haben, war es noch sehr anstrengend und energieaufwendig. Inzwischen geht es ganz automatisch – und verbraucht nun kaum noch Energie. Denn in unserem Gehirn ist damals ein Muster, ein inneres Bild entstanden, das all die vielen Einzelreaktionen und Muskelkontraktionen, die wir im beim Laufen einsetzen, sehr effektiv koordiniert und steuert. Und wenn wir dann irgendwohin wollen, rufen wir nur noch dieses übergeordnete Muster auf und dann laufen wir los.

Genauso wie das Gehirn solche übergeordneten Handlungsmuster zur Steuerung einer Vielzahl von Einzelbewegungen herausbildet, macht es das auch, um unser Verhalten möglichst energiesparend zu lenken. Die dafür im Gehirn herausgebildeten übergeordneten Muster bezeichnen wir im Deutschen als innere Einstellungen und Haltungen. Herausgebildet werden diese Haltungen anhand der von einer Person im bisherigen Leben gemachten Erfahrungen. Diese im Frontalhirn als komplexe Netzwerke verankerten Einstellungen und Haltungen sind entscheidend dafür, wie sich die betreffende Person in einer bestimmten Situation verhält, was sie sagt und tut, worum sie sich kümmert und was sie links liegen lässt, was ihr wichtig ist und was ihr gleichgültig bleibt. Auch das funktioniert dann alles fast automatisch und verbraucht weniger Energie, als immer wieder darüber nachzudenken, welche Verhaltensweisen in bestimmten Situationen angemessen und zielführend sind. Entdeckerfreude ist so eine Haltung, ebenso Offenheit und Gestaltungslust, aber auch Neid, Geiz oder Missgunst. Messen lassen sich diese inneren Einstellungen nicht. Man kann sie nur aus den von ihnen gesteuerten Verhaltensweisen ableiten, also aus dem, was eine bestimmte Person sagt und tut.

Interessanterweise wird die Herausbildung dieser inneren Einstellungen und Haltungen ebenfalls durch ein im Gehirn verankertes, übergeordnetes Muster gelenkt. Auch das wird erst im Lauf des Lebens herausgebildet. Wir haben dafür in unserer Sprache keinen eindeutigen Begriff und bezeichnen dieses Metakonzept meist als Selbstbild. Im weitesten Sinne handelt es sich dabei um eine Vorstellung davon, was den betreffenden Menschen als Person ausmacht. Sie schließt aber gleichzeitig auch mit ein, was für ein Mensch er oder sie sein will, woran sie oder er sich im Leben und bei wichtigen Entscheidungen orientiert. Wenn es einem Menschen nicht gelingt, ein inneres Bild davon zu entwickeln, wer er sein will, fehlt ihm diese Ordnung stiftende Orientierung und in seinem Hirn passt dann vieles, was er denkt und was er tut, nicht mehr so gut zusammen. Es kommt dann zu einer sich ausbreitenden Inkohärenz und die geht immer mit einem erhöhten Energieverbrauch einher.

Die Angst enthält eine Botschaft: Ändere dein Leben

Die enorme Offenheit des menschlichen Gehirns und die sich daraus ergebende Vielfalt unserer Wahrnehmungen, Gedanken und Fantasien, aber auch unserer Handlungs- und Gestaltungsmöglichkeiten und nicht zuletzt unsere enorme Beziehungsfähigkeit machen uns besonders anfällig für im Gehirn ausgelöste Inkohärenzen. Im Gegensatz zu den Tieren verfügen wir nicht über festgelegte Strukturen, angeborene Verhaltensprogramme, hochspezialisierte Wahrnehmungsorgane und vorbestimmte Verhaltensmuster. Je weniger ein Lebewesen von seiner Außenwelt mitbekommt und je beschränkter das Spektrum seiner Handlungsmöglichkeiten ist, desto seltener gerät es in diesen Zustand von Inkohärenz. Aber je seltener es zu solchen Störungen der inneren Organisation kommt, desto seltener wird es notwendig, diese Störung durch eine geeignete eigene Reaktion oder Handlung auszugleichen. Wer nicht mit ständig neuen Herausforderungen konfrontiert ist, die seinen jeweils erreichten Zustand von Kohärenz erschüttern und inkohärent machen, kann weder Neues hinzulernen noch sich weiterentwickeln. In einer sich ständig verändernden Welt ist eine derartige Einschränkung eigener Wahrnehmungs-, Vorstellungs- und Gestaltungsmöglichkeiten keine langfristig tragfähige Lösung.

Wer sich so undifferenziert und kaum spezialisiert entwickelt hat wie unsere Spezies wird fortwährende Veränderungen der eigenen Lebenswelt nur überleben können, indem er sich auch selbst ständig weiterentwickelt. Dazu ist ein Höchstmaß an Offenheit und eigener Veränderungsfähigkeit erforderlich und deshalb ist ein zeitlebens lernfähiges Gehirn als Herausstellungsmerkmal unserer Spezies entstanden. Um der damit einhergehenden Gefahr ständig neu entstehender Inkohärenzen aus eigener Kraft und mit eigenen Mitteln entgegenwirken zu können, mussten die Vertreter unserer Spezies einen Weg finden, sich nicht in der sich aus dieser Offenheit ergebenden Vielfalt an Eindrücken und Optionen zu verlieren. Vorgezeichnet und angelegt war dieser Weg bereits bei unseren tierischen Vorfahren. Auch schon mit ihren weniger lernfähigen Gehirnen sind sie in der Lage, Komplexität durch die Herausformung übergeordneter Konzepte und Handlungsmuster zu reduzieren. Aber eine Vorstellung von sich selbst, also ein Orientierung bietendes Bild davon, wer sie sind und in welche Richtung sie sich – gemeinsam – weiterentwickeln wollen, können sie nicht hervorbringen. Wären unsere Urahnen dazu nicht imstande gewesen und hätten sie diese Vorstellungen nicht an ihre Nachkommen weitergegeben, gäbe es uns nicht: Mit den so vielfältig verknüpfbaren Nervenzellverschaltungen unseres Gehirns in die Freiheit entlassen, wären wir an einem Mangel an Orientierung und, ohne den Zweiten Hauptsatz der Thermodynamik jemals entdeckt zu haben, längst untergegangen.

Dass uns dieses Schicksal bisher erspart geblieben ist, verdanken wir der Fähigkeit, aus Fehlern lernen und selbstverschuldete Fehlentwicklungen korrigieren zu können. Oder, im Kontext des Zweiten Hauptsatzes der Thermodynamik: weil wir es bisher geschafft haben, die aus unserer Offenheit und Freiheit zwangsläufig entstehenden Inkohärenzen durch eigene Weiterentwicklung, durch Lernen und den Erwerb von Wissen und Kompetenzen, immer wieder in etwas kohärentere und damit weniger energieaufwendige Zustände umzuwandeln.

Im Gehirn verankert werden die Lösungen, die wir finden, nicht die Probleme, die wir haben

Es gibt ja immer irgendetwas, das uns stört, das nicht so recht zu unseren Erwartungen passt und unser Gehirn in einen inkohärenten Zustand versetzt. Weil das kein sehr angenehmer Zustand ist, beginnen wir dann nach einer Lösung für das neu aufgetauchte Problem zu suchen. Sobald wir die gefunden haben, lässt die im Gehirn entstandene Inkohärenz nach. Das wiederum führt im Mittelhirn zu einer vermehrten Freisetzung von sogenannten neuroplastischen Botenstoffen, und die wirken so ähnlich wie ein Dünger und stimulieren das Auswachsen von Nervenzellfortsätzen und die Bildung von neuen Nervenzellkontakten in all jenen Bereichen des Gehirns, die zur Lösung des Problems aktiviert worden sind. So wird alles, was wir tun und was dazu beiträgt, einen inkohärenten Zustand wieder etwas kohärenter zu machen – und damit Energie zu sparen –, weiter ausgebaut, gestärkt und gefestigt. Das gilt auch für die in Form komplexer neuronaler Verschaltungsmuster im Frontalhirn herausgebildeten und verankerten Vorstellungen, die dazu beitragen, dass alles, was dort oben im Gehirn als eigene Erfahrungen abgespeichert worden ist, möglichst gut zusammenpasst.

Aber nicht jede Lösung, die wir gefunden haben, um eine sich in uns ausbreitende Inkohärenz wieder etwas kohärenter und damit energiesparender zu machen, ist auch eine langfristig tragfähige Lösung. Die massivste Störung, also die stärkste Inkohärenz, die wir erleben können und die der häufigste Auslöser von Angst ist, entsteht immer dann, wenn wir von anderen, für uns bedeutsamen Personen zum Objekt von deren Interessen und Absichten, Belehrungen und Bewertungen, Maßnahmen und Anordnungen gemacht werden. Dann werden gleichzeitig beide Grundbedürfnisse verletzt, die wir bereits bei unserer Geburt in uns tragen: das Grundbedürfnis nach Verbundenheit und Geborgenheit und das nach Autonomie und Freiheit. Wer von anderen gesagt bekommt, was er zu tun und zu lassen hat, bekommt Angst, weil so nicht nur das Band zerschnitten wird, das ihn mit dieser anderen Person verbunden hatte, sondern er auch noch begreift, dass er nicht so sein darf, wie er ist, sondern so werden soll, wie es von ihm erwartet wird.

Oft geschieht das schon während der Kindheit, spätestens aber in der Schule und während der Ausbildung. Im Berufsleben und im alltäglichen Zusammenleben geht es dann meist genauso weiter. Die Lösung, die von der Mehrzahl gefunden wird, um diese Angst zu überwinden, besteht ganz einfach darin, ihrerseits fortan andere Personen zum Objekt ihrer eigenen Absichten und Bewertungen zu machen.

Diese besondere Fähigkeit, andere Menschen wie Objekte zu behandeln, ist also nicht angeboren. Anstatt einander als Subjekte zu begegnen und voneinander zu lernen, machen wir uns gegenseitig zu Objekten und benutzen einander bei der Verfolgung unserer jeweiligen Absichten und Ziele.

Es handelt sich hierbei um eine bemerkenswerte Kulturleistung, die nur der Mensch mit Hilfe seines enorm komplexen Gehirns und nur aufgrund seiner Eingebundenheit in menschliche Gemeinschaften zu vollbringen imstande ist. Als kollektive Lernleistung herausbilden – und in speziell dafür geschaffene Erziehungs- und Bildungseinrichtungen strukturell verankern – ließ sich diese Fähigkeit deshalb, weil es unter bestimmten Bedingungen vorteilhaft, also kohärenzstiftend und energiesparend war, wenn jeder Einzelne bereit ist, sich den Erfordernissen der jeweiligen Gemeinschaft unterzuordnen und den Anweisungen ihrer Anführer zu folgen.

Konkret heißen diese Bedingungen Not und Elend, verursacht durch Naturkatastrophen, meist aber durch kriegerische Auseinandersetzungen. Allgemeiner ausgedrückt sind es fortwährende Bedrohungen der eigenen Existenz, also das durch Angst ausgelöste Bedürfnis nach Sicherheit und Kontrolle, das zur Herausbildung dieser besonderen Kulturleistung geführt hat. Und die wirksamste Bewältigungsstrategie, die von einer bedrohten und verängstigten menschlichen Gemeinschaft gefunden werden kann, ist der Aufbau einer möglichst streng organisierten, hierarchisch geordneten Sozialstruktur. Hier agieren nur noch wenige Personen als entscheidungs- und handlungsfähige Subjekte, alle anderen haben sich deren Beschlüssen, Maßnahmen und Anordnungen unterzuordnen.

Nur so konnten Soldaten geführt und Kriege gewonnen werden. So konnten bis heute aber nicht nur kollektive Bedrohungen abgewendet, sondern auch von den Anführern erlangte Besitztümer und Privilegien gesichert werden. Weil es für die Mitglieder in allen menschlichen Gemeinschaften bisher so bedeutsam war, haben sie auch alle diese Fähigkeit herausgebildet, andere Personen als Objekte zur Verfolgung eigener Absichten und Ziele zu benutzen. Deshalb sind gesellschaftliche Einrichtungen und Strukturen geschaffen worden, die sicherstellen, dass immer wieder genügend Kinder und Jugendliche bereit sind, sich wie Objekte von anderen Personen zur Verfolgung von deren Absichten und Ziele benutzen zu lassen. Die Prügelstrafe ist inzwischen abgeschafft. Nach wie vor verbreitet ist aber die Vorstellung, dass Schüler und Schülerinnen zum Lernen »motiviert« werden müssen und dass das am besten funktioniert, indem sie zu Objekten von Erwartungen und Bewertungen, von Belehrungen und Benotungen, von Unterrichts- und Fördermaßnahmen gemacht werden.

Auf diese Weise wurde bisher genau das aufrechterhalten, was die größten Inkohärenzen erzeugt, ungeheuer viel Energie verbraucht und am meisten Angst macht: das Gefühl, nicht dazugehören zu dürfen und nicht das zu finden, was wir alle zum Leben brauchen und was uns selbst erst hervorgebracht hat – die untrennbare Verbundenheit mit allem Lebendigen.

4 Wovor haben wir Angst?

Das Gefühl von Angst entsteht immer dann, wenn es im Gehirn zu einer sich ausbreitenden und immer stärker werdenden Inkohärenz kommt, die wir nicht durch eine geeignete kohärenzstiftende Lösung abstellen können. Einfacher gesagt: Angst bekommen wir, wenn im Hirn ein immer größer werdendes Durcheinander entsteht und wir nicht wissen, was wir machen sollen, damit das endlich aufhört. Normalerweise läuft dort oben ja alles einigermaßen glatt. Die neuronalen Netzwerke arbeiten in geordneten Bahnen und erledigen das, wofür sie da sind. Die in den verschiedenen Bereichen des Gehirns generierten Erregungsmuster sind aufeinander abgestimmt. Es passt alles ganz gut zusammen und wenn es irgendwo zu einer verstärkten Aktivität oder Unruhe kommt, kann die schnell ausgeglichen werden. Unter diesen Bedingungen müssen die Nervenzellen nicht so oft feuern, also ein Aktionspotential erzeugen, das relativ viel Energie verbraucht. Die Energie dafür gewinnen sie aus kleinen energiereichen Substanzen (ATP), die aus dem mit dem Blut zugeführten Traubenzucker (Glukose) unter Sauerstoffverbrauch hergestellt werden.

Sobald aber irgendwo im Gehirn eine Inkohärenz entsteht, also alles nicht mehr so recht passt und die Nervenzellen anfangen, durcheinander zu feuern, steigt der Energieverbrauch dramatisch an. Kann dieser Zustand nicht abgestellt werden, breitet sich die Erregung auf ältere, tiefer im Hirn liegende Bereiche aus und dann passiert das, was im ersten Kapitel schon beschrieben wurde: Wir spüren den Würgegriff der Angst im ganzen Körper.

Wenn wir uns nun fragen, wovor wir tatsächlich Angst haben, so lässt sich aus diesen neurobiologischen Erkenntnissen ableiten, dass es zu einer sich ausbreitenden Inkohärenz im Gehirn kommen muss, die auch die tieferen, für die Regionen unserer körperlichen Prozesse zuständigen Bereiche mit erfasst. Dann erst wird die Angst spürbar. Wenn sich eine solche Inkohärenz nicht in dieser Weise ausbreitet, empfinden wir auch keine Angst.

Wer gar nicht bemerkt, dass etwas Bedrohliches auf ihn zukommt, der hat auch keine Angst

Ein Fuchs, der noch nie eine Falle gesehen und keine Ahnung, also kein Gespür dafür hat, dass sie für ihn gefährlich sein könnte, wird ohne Angst dort hineinlaufen. Es gibt auch Menschen, die sich einfach nicht vorstellen können, dass etwas, das auf sie zukommt, was sie machen wollen oder was sie schon tun, gefährlich sein könnte. Die haben dann auch keine Angst. Für manches, was uns krank macht oder auch umbringen kann, fehlt uns Menschen jedes Wahrnehmungsvermögen. Davon bekommen wir also gar nichts mit. Giftgas zum Beispiel oder radioaktive Strahlung. Warnt uns niemand davor, der die Gefahr mit einem Messgerät festgestellt hat, gehen wir dort hin und halten uns dort auf – völlig angstfrei.

Bisweilen ist jemand aber auch so intensiv mit etwas beschäftigt und dabei so tief in seinem Tun oder in seinen Gedanken versunken, dass er gar nicht mitbekommt, dass etwas Bedrohliches auf ihn zukommt. Derjenige wird erst wach, wenn ihn das herannahende Auto erfasst hat. Bis zu diesem Moment hatte auch er keine Angst.

Manche Kinder werden von ihren Eltern so eng geführt und so vorausschauend wachsam begleitet, dass sie kaum noch Gelegenheit bekommen, all das kennenzulernen, was gefährlich ist. Und weil sie Gefahren nicht einzuschätzen lernen konnten, haben sie dann auch keine Angst davor. Ein steiles Flussufer oder ein Brückengeländer ist dann ein Ort für sie, an dem sie – wenn die Eltern nicht dabei sind – völlig angstfrei herumklettern, bis sie abrutschen und ins Wasser fallen.

Wer genau weiß, was in einer gefährlichen Situation zu tun ist und das kompetent umsetzt, der hat keine Angst

Fragen Sie mal einen Feuerwehrmann, der schon hunderte Brände gelöscht hat und genau weiß, worauf es dabei ankommt und was er tun muss, um nicht selbst in Gefahr zu geraten. Der macht das, was in einer solchen Situation gemacht werden muss – kompetent, umsichtig, routiniert. Das geht ruck, zuck, dem bleibt gar keine Zeit, um Angst zu bekommen.

Bei den Tieren ist das ähnlich. Sie reagieren auf eine wahrgenommene Bedrohung mit einer automatisch ausgelösten Verhaltensreaktion. Die ist von Anfang an in ihr Gehirn eingebaut und braucht jetzt nur noch aktiviert zu werden. Dann reißt das betreffende Tier aus, so schnell es kann, oder es greift den Eindringling mit aller Konsequenz und unter Einsatz aller ihm zur Verfügung stehenden Mittel an. Wenn gar nichts mehr geht, verfällt es in einen Zustand ohnmächtiger Erstarrung, in dem es dann auch selbst nichts mehr mitbekommt. Um Angst zu entwickeln, haben Tiere normalerweise gar keine Zeit und auch keine Gelegenheit. Sie reagieren bei Bedrohungen genauso automatisch wie ein Feuerwehrmann im Brandeinsatz.

Angst kann jemand also nur bekommen, der nicht weiß, was zu tun ist. Aber wie das Beispiel des Feuerwehrmanns zeigt, kann man das lernen. Das machen wir ja alle auch und meist helfen uns dabei andere Menschen, die (hoffentlich) besser wissen als wir, was bedrohlich ist, und die uns zeigen, was zu tun ist, wenn wir in Gefahr geraten. Trotzdem müssen wir, vor allem als Kinder und Jugendliche, dann doch noch selbst ausprobieren und herausfinden, Gefahren möglichst früh zu erkennen, sie zu vermeiden oder sie kompetent zu bewältigen. Je besser das klappt, umso sicherer werden wir in solchen gefährlichen Situationen. Dann verschwindet auch die Angst.

Wer bereit ist, alles einzusetzen und hinzugeben, um das Leben einer anderen, ihm wichtigen Person zu retten, der hat auch keine Angst

Fragen Sie mal einen Vater, der sich in einen reißenden Fluss geworfen hat, um seine ertrinkende Tochter zu retten, ob er dabei Angst hatte, selbst umzukommen. Auch das läuft ab wie ein Automatismus: Jacke ausziehen, reinspringen, hinschwimmen und das Kind rausholen. Zum Nachdenken und Angsthaben bleibt dabei keine Zeit. Erst später, wenn er sich klar zu machen beginnt, dass das Mädchen kurz davor war, von dem nicht mehr weit entfernten, lebensgefährlichen Wasserfall mitgerissen zu werden, erfasst ihn die Angst.

Wie viele Menschen sind bereit, ihr Leben zu opfern, um das ihrer Liebsten zu retten? So einfach ist das nicht herauszufinden. Viele kennen überhaupt keine anderen Menschen, die ihnen so wichtig wären. Tun würde so etwas ja auch nur jemand, der sich tief genug mit dieser zu rettenden Person verbunden fühlt. Der Vater oder die Mutter, Lebenspartner oder ein enger Verwandter zu sein, reicht dafür nicht aus. Das Leben des zu Rettenden müsste einem solchen Menschen ja wichtiger sein als sein eigenes. Der Umstand, dass es immer wieder solche Rettungsversuche gibt, macht deutlich, wir sehr wir tatsächlich mit anderen Menschen verbunden sein können. Mehr noch, manche Menschen sind sogar bereit, sich selbst in Lebensgefahr zu bringen, um ein von ihnen geliebtes Tier zu retten. Auch die haben dabei keine Angst.

Wem die Ideen, die er verfolgt, wichtiger geworden sind als das eigene Leben, hat auch keine Angst, für deren Verwirklichung zu sterben

Erstaunlicherweise gibt es auch Menschen, die noch viel stärker als mit anderen Personen mit bestimmten Vorstellungen verbunden sind, die sie in sich tragen und die sie mit aller Kraft zu verwirklichen suchen. Die hängen dann an diesen Ideen wie an Ketten. Um ihre Vorstellungen zu verwirklichen, sind sie bisweilen sogar bereit, ihr Leben hinzugeben. Und das tun sie dann auch, von der Richtigkeit ihrer Vorstellungen bis zum letzten Moment fest überzeugt, ohne Angst.
Von ihren Anhängern werden sie im Nachhinein als Märtyrer verehrt. Oft sind diese Anhänger einer Ideologie oder eines Glaubens bereit, den Heldentod zu sterben – für »Führer, Volk und Vaterland«, für die Revolution oder die Religion. Dass sie keine Angst haben, liegt daran, dass ihre jeweilige Überzeugung eine so enorm starke, kohärenzstiftende Wirkung auf alle

in ihrem Gehirn auflaufenden Prozesse hat, dass eine sich ausbreitende, das Gefühl von Angst auslösende Inkohärenz gar nicht entstehen kann.

Wer sich damit abgefunden hat, dass das eigene Leben zu Ende geht, der hat auch keine Angst mehr

Besuchen Sie doch bitte, wenn sich die Gelegenheit dazu bietet, eine Palliativstation, also die Abteilung eines Krankenhauses, in der all jene Patienten und Patientinnen begleitet werden, für die, wie es dann heißt, »medizinisch nichts mehr getan werden kann«. Die Angst vor dem Tod, werden Sie denken, sollte den Patienten dort doch allen ins Gesicht geschrieben sein.
Gehen Sie hin und reden Sie mit diesen Männern und Frauen! Sie werden überrascht sein. Offenbar haben Menschen nur so lange Angst vor dem Sterben, wie ihre Vorstellung, sie könnten noch gerettet werden, aufrechterhalten bleibt.

Was uns Angst macht, ist nicht das Erleben einer Bedrohung, sondern die Vorstellung, ihr hilflos ausgeliefert zu sein

Nicht ohne Grund habe ich all diese Beispiele lebensgefährlicher Bedrohungen, denen sich Menschen ganz ohne Angst stellen oder in die sie sich sogar bewusst und angstfrei hineinbegeben, an den Anfang dieses Kapitels gestellt. Denn es ist eine in unserem Kulturkreis sehr weit verbreitete Vorstellung, dass die Angst durch eine konkrete Bedrohung ausgelöst wird. Wenn es aber Personen gibt, die durchaus ernstzunehmende existentielle Bedrohungen erleben, ohne dabei auch nur eine Spur von Angst zu empfinden, kann die konkrete, objektiv vorhandene, von außen einwirkende Bedrohung gar nicht die Ursache von Angst sein. Es scheint nur so, solange wir nicht genau hinschauen. Tatsächlich wird die Angst nicht durch etwas ausgelöst, das von außen kommt und auf uns einwirkt, sondern durch etwas, das wir in uns tragen. Die Bedrohung ist ein objektives Ereignis. Ob aber eine Person darauf mit Angst reagiert, hängt von ihr ab, ist also ein zutiefst subjekthaftes Geschehen.

Es gibt Menschen, die, wie die oben genannten Beispiele zeigen, gar nicht mitbekommen, dass sie in Lebensgefahr sind. Und es gibt auch solche, die lebensgefährliche Situationen perfekt zu meistern gelernt haben. Beide haben keine Angst, obwohl die Bedrohung objektiv existiert. Ob und wie sehr jemand angesichts einer Gefahr Angst bekommt, hängt also erstens davon ab, was diese Person überhaupt von all dem wahrzunehmen imstande ist, was in ihrer jeweiligen Lebenswelt geschieht, und zweitens von den Kompetenzen, die sie zur Bewältigung gefährlicher Situationen erworben hat und in dieser Situation einsetzen kann.

Weil es im Leben eines jeden Menschen von Anfang an immer wieder Wahrnehmungen und Erlebnisse gibt, die zu Inkohärenzen im Gehirn führen, lernen wir auch zunehmend besser, was wir tun können, um diese unangenehmen inkohärenten Zustände in kohärente, angenehmere und energiesparendere zu verwandeln.

Wir machen Erfahrungen, wie uns das gelingen kann, und aus diesen Erfahrungen leiten wir Vorstellungen in Form innerer Überzeugungen ab, die wir nutzen, um uns in unserer jeweiligen Lebenswelt zurechtzufinden. Zu diesen Überzeugungen zählt einerseits all das, was zu tun ist, wenn Gefahr droht. Andererseits nutzen wir diese erworbenen und fest im Hirn verankerten Vorstellungen, um einzuschätzen, was alles bedrohlich für uns werden könnte. Weil das aber nur subjektive Vorstellungen und nicht über unsere Sinnesorgane zum Gehirn weitergeleitete objektive Wahrnehmungen sind, hängt unsere Fähigkeit, eine Gefahr rechtzeitig erkennen und ihr auf geeignete Weise begegnen zu können, so entscheidend von der Gültigkeit dieser jeweils gewonnenen Überzeugungen ab. Sollten sie unzutreffend oder ungeeignet sein, führen sie uns auf einen Irrweg. Weil wir das tief in unserem Inneren spüren, erahnen oder sogar wissen, haben wir so große Angst davor, dass sich unsere Überzeugungen davon, was alles bedrohlich ist und was bei Gefahr zu tun ist, möglicherweise als nicht tragfähig erweisen, wenn es ernst wird.

Die Vorstellung, eine Bedrohung nicht rechtzeitig erkennen zu können, macht Angst

Alle Menschen haben Angst davor, dass etwas passieren könnte, das ihr Leben, ihr Hab und Gut, ihre Liebsten und all das bedroht, was sie geschaffen haben und zu brauchen glauben. Deshalb versuchen sie, diese Bedrohungen so früh wie möglich zu erkennen. Sie bauen Wachtürme und Beobachtungsposten, richten Messstellen und Überwachungskameras ein, hören sich um und informieren sich, so gut es geht. Sie machen Prognosen, erstellen Statistiken, betreiben Zukunftsforschung. Manche versuchen es auch mit Astrologie oder beim Wahrsager. Sie wollen jede bedrohliche Entwicklung so früh wie möglich erkennen. Nichts macht ihnen mehr Angst als die Vorstellung, dass all diese Bemühungen nichts helfen könnten, dass doch irgendwann etwas passiert, was erst dann von ihnen bemerkt wird, wenn es zu spät ist.

Die Vorstellung, keine geeigneten Mittel und Instrumente zur Verfügung zu haben, um eine Gefährdung abzuwehren, macht Angst

Nicht zu wissen, wie einer existentiellen Bedrohung zu begegnen ist, wie eine Gefahr abgewendet werden kann, führt zwangsläufig zu einer sich im Hirn ausbreitenden Inkohärenz.

So ein Zustand eigener Ratlosigkeit und Hilflosigkeit macht allen Menschen Angst. Deshalb versuchen wir ja auch, von klein an all das Wissen zu erwerben und uns all die Kompetenzen anzueignen, die wir in unserer jeweiligen Lebenswelt brauchen, um das, was dort unser Glück (also einen möglichst kohärenten Zustand im Gehirn) bedrohen könnte, kompetent abzuwenden. Manchmal ist diese familiäre, schulische, berufliche Lebenswelt aber sehr eng. Es passiert dort wenig Neues, alles funktioniert im gleichen Trott, oder es wird einem ständig von anderen gesagt, was man zu tun und zu lassen hat. Unter diesen Bedingungen sieht es freilich schlecht aus für die Aneignung von möglichst viel Wissen und Können. Bisweilen meldet sich dann das Bauchgefühl sehr leise mit dem Hinweis, dass diese Eintönigkeit und Begrenztheit nicht so gute Voraussetzungen für die Aneignung all dessen sein könnten, was man für ein Leben in einer immer komplexer werdenden Lebenswelt braucht. Aber woher soll die Aktivierungsenergie kommen, die erforderlich ist, um sich aus diesem scheinbar doch recht bequemen Leben dorthin auf den Weg zu machen, wo das Leben bunter und reichhaltiger ist? Die meisten von uns bringen diese Aktivierungsenergie nicht auf. Das sind dann auch diejenigen, die besonders große Angst davor haben, dass etwas passieren könnte, was sie völlig aus der Bahn wirft, weil sie keine Ahnung haben, was sie dann machen sollten.

Die Vorstellung, niemanden zu finden, wenn man allein nicht mehr weiterweiß, macht Angst

Wir sind zutiefst soziale Wesen. Alles, was wir wissen und können, haben wir von anderen Menschen gelernt. Niemand hätte auch nur die ersten Tage seines Lebens ohne die Unterstützung anderer überlebt. Wir brauchen einander, um uns auf der Suche nach einem gelingenden Leben nicht zu verirren. Und – wenn das doch einmal passieren sollte – mit deren Hilfe wieder dorthin zurückzufinden, wo es für uns weitergeht. Wenn wir in Gefahr geraten, weil wir ahnungslos hineingetappt sind, hilft uns der Austausch mit anderen dabei, gemeinsam herauszufinden, wie sich ähnliche Situationen künftig vermeiden lassen. Und wenn wir mit all unserem Wissen und Können scheitern und daran verzweifeln, dass wir eine gefährliche Situation nicht mehr abwenden können, brauchen wir andere, die uns dann beistehen und uns helfen, das betreffende Problem gemeinsam zu meistern. Deshalb macht uns die Vorstellung, in einer bedrohlichen Situation niemand zu finden, der uns beisteht, so viel Angst.

Die Vorstellung, in einer Welt zu leben, in der alles voneinander getrennt ist und nichts mehr zusammenpasst, macht uns Angst

Der Zustand größtmöglicher Kohärenz stellt sich in unserem Gehirn immer dann ein, wenn alles, was dort abläuft, möglichst gut zusammenpasst. Wenn das Gehirn mit dem Rest des Körpers gut verbunden ist, wenn unser Denken, Fühlen und Handeln eine Einheit bilden, wenn nichts Trennendes zwischen uns und anderen Menschen, auch den anderen Lebewesen und der Natur, steht. Wenn wir uns mit allem verbunden fühlen, geht es uns besonders gut. Dann sind wir glücklich, fühlen uns in uns selbst, in der Gemeinschaft mit anderen und in der Welt gehalten und getragen.

Alles, was diese Verbundenheit stört, was uns abtrennt von unseren Bedürfnissen, was die Einheit unseres Denkens, Fühlens und Handelns untergräbt, was sich als Erfahrung des Getrenntseins in unser Leben hineinschneidet, macht uns Angst. Die sich dann im Gehirn ausbreitende Inkohärenz ist oft nur noch durch den Versuch aufzuhalten, das uns mit uns selbst, mit anderen Menschen, auch mit anderen Lebewesen verbindende Band zu durchschneiden. Aber wirklich gelingen kann das keinem Menschen. Weil wir das erahnen, haben wir auch davor Angst.

Die Vorstellung, das eigene Leben könne so unerfüllt und sinnentleert enden, wie es bisher verlaufen ist, macht uns Angst

Es mag eine zutreffende Erkenntnis sein, dass es sinnlos ist, in dem, was im Universum, damit auch auf unserem Planeten und in unserem Leben abläuft, nach einem Sinn zu suchen. Die Wissenschaftler sagen uns, dass es so einen objektiv erkennbaren, tatsächlich existierenden Sinn gar nicht gibt und auch nicht geben kann. Aber es ist eine ebenso zutreffende und objektiv nachweisbare Erkenntnis, dass wir Menschen nicht leben, nicht gesund bleiben und uns entfalten können, ohne unserem eigenen Dasein in dieser Welt einen Sinn zu verleihen. Nur wir selbst können die Frage beantworten, wofür wir leben wollen. Nur wir können in unserem Leben ein Anliegen verfolgen, an dem wir, wie bei einem inneren Kompass, alles ausrichten, was wir tun, auch das, was wir denken und uns vorstellen, wovon wir vielleicht auch nur träumen. Tief in unserem Inneren wissen wir das alle. Aber es ist auch das, was der Zweite Hauptsatz der Thermodynamik verlangt: möglichst wenig Energie für die Aufrechterhaltung unserer inneren Ordnung, der Struktur und Funktion unseres Gehirns zu verbrauchen. Und wenn sich dort oben im Gehirn und dann auch auf allen Ebenen unseres Denkens, Fühlen und Handelns die Möglichkeit bietet, einen kohärenteren, energiesparenden Zustand zu erreichen, indem wir in unserem Leben ein sinnstiftendes Anliegen verfolgen, dann hört das Durcheinander auf. Dann wissen wir plötzlich wieder, was zu tun ist und worauf es ankommt. Und dann haben wir auch keine Angst mehr. Jedenfalls nicht mehr diese bohrende Angst, die all jene Menschen empfinden, die mit der Vorstellung herumlaufen, ihr Leben könne irgendwann einmal genauso unerfüllt und sinnlos zu Ende gehen, wie es bisher verlaufen ist.

Ein konkretes Beispiel: Sie werden mit der Diagnose »Krebserkrankung« konfrontiert

Solange Sie davon noch nichts wussten, hatten Sie auch keine Angst. Wenn Ihnen Ihr Arzt versichert, er wisse ganz genau, was jetzt zu tun ist, und er habe bisher allen Patienten mit solch einem Tumor mit seinem Verfahren geheilt – und Sie ihm das nicht nur glauben, sondern durch eigene Nachforschungen bestätigt finden –, haben Sie auch keine Angst mehr. Wenn Sie absolut davon überzeugt sind, dass Krebserkrankungen für immer geheilt werden könnten, Sie aber die einzige Person sind, an der die Ärzte das neue Verfahren ausprobieren können, das Krebskranke retten könnte, wären sie möglicherweise sogar bereit, Ihr Leben zu riskieren, um so einer neuen Behandlung zum Durchbruch zu verhelfen. Wenn alle Behandlungsmöglichkeiten ausgeschöpft sind und medizinisch nichts mehr für Sie getan werden kann, würden Sie sich nur noch wünschen, ohne Schmerzen und begleitet von ihren Liebsten in Ruhe sterben zu können.

All das macht Ihnen keine Angst. Angst bekommen Sie erst dann, wenn Sie befürchten, dass die behandelnden Ärzte eine Ausbreitung des Tumors nicht rechtzeitig erkennen, und erst recht dann, wenn Sie bemerken, dass diese Ärzte selbst nicht so recht wissen, wie sie vorgehen sollen, um dem Wachstum dieses Tumors Einhalt zu gebieten. Wenn Sie dann auch noch davon überzeugt sind, dass es niemanden gibt, der Ihnen helfen könnte, bekommen Sie noch mehr Angst.

Möglicherweise müssen Sie auch erleben, dass sich jeder der Sie behandelnden Ärzte nur um das kümmert, worauf er spezialisiert und wofür er zuständig ist. Dann fühlen Sie sich mit

Ihrer Krebserkrankung nicht als ganze Person gesehen und bekommen noch mehr Angst.

Und vielleicht hatten Sie bis zum Ausbruch Ihrer Erkrankung schon mehrfach das Gefühl, dass Sie Ihr Leben ändern, Ihrem Dasein einen Sinn verleihen, sich um etwas kümmern sollten, das größer ist als Ihr eigenes Wohlergehen. Dann wird Ihnen die Vorstellung, dass all das nun nicht mehr möglich ist, zusätzlich Angst machen.

So viel Inkohärenz ist nur schwer auszuhalten. Von dem energieaufwendigen Durcheinander in Ihrem Gehirn werden dann auch all jene Bereiche im Hypothalamus und im Stammhirn erfasst, die für die Regulation der im Körper stattfindenden Prozesse zuständig sind. Auch die dort befindlichen neuronalen Netzwerke geraten nun in einen inkohärenten Zustand. Dann kommt fast alles durcheinander, was normalerweise dafür sorgen könnte, dass Sie wieder gesund werden.

Und wovor hatten Sie die ganze Zeit Angst? Vor dem Krebs oder vor der Vorstellung, dass alles, was getan werden könnte, nichts helfen würde, um ihn zu besiegen?

5 Wie werden unsere Erfolge bei der Bewältigung von Angst strukturell im Gehirn und in der Gesellschaft verankert?

Mit unserem plastischen, zeitlebens formbaren Gehirn müssen wir erst lernen, all die vielen unterschiedlichen Probleme, die sich im Verlauf unseres Lebens immer wieder auftun, so zu lösen, dass wir daran nicht zerbrechen. Wir träumen von einem glücklichen Leben, in dem wir alles finden, was wir zur Befriedigung unserer Bedürfnisse brauchen. In Gedanken stellen wir uns vor, wie diese Welt aussehen könnte, und nennen sie Paradies oder Himmelreich. Manche von uns würden auch gern in einem Schlaraffenland leben, wo all ihre Bedürfnisse ständig gestillt werden und ihnen die gebratenen Tauben direkt in den Mund fliegen. Andere bemühen sich aber auch darum, ihre Vorstellungen davon, was sie für ein glückliches Leben brauchen, gänzlich loszulassen und einen Zustand wie im Nirwana zu erreichen, wo sie gar keine Bedürfnisse mehr haben.

Schneller, als es uns lieb ist, holt uns aber das reale Leben aus all diesen Vorstellungen, wie ein völlig kohärenter Zustand für uns zu erreichen sei, immer wieder auf den Boden der Tatsachen zurück. So richtig paradiesisch passt in unserem Gehirn erst dann alles zusammen, wenn wir gestorben sind. Dann sinkt auch der Energieverbrauch zur Aufrechterhaltung seiner Struktur und Funktion auf null. Aber solange wir noch lebendig sind, gibt es immer irgendetwas, das uns stört und das Gehirn oder einzelne Bereiche davon in einen inkohärenten Zustand versetzt. Dann haben wir ein Problem und das müssen wir irgendwie lösen, sonst breitet sich diese Inkohärenz immer weiter aus – auch auf die tiefer liegenden, für die Regulation unserer Körperfunktionen zuständigen Bereiche. Je rascher uns also eine Lösung einfällt desto besser.

Strukturell im Gehirn verankert werden die Lösungen, die wir zur Bewältigung unserer Ängste finden

Sobald es gelingt, eine passende Lösung zu finden, hört das Durcheinander im Kopf auf. Der inkohärent gewordene Zustand, in dem die Nervenzellen nicht mehr in geordneten Erregungsmustern aktiviert werden, in dem dann nichts mehr so recht zusammenpasst und viel Energie verbraucht wird, beginnt sich wieder zu ordnen. Damit einhergehend kommt es zur Aktivierung von Nervenzellverschaltungen in dem Bereich des Gehirns, den die Hirnforscher »Belohnungszentrum« nennen. An den Enden der Fortsätze dieser Nervenzellen werden dann Botenstoffe ausgeschüttet, die zu einer verstärkten Bildung und Freisetzung von hormonartigen Wirkstoffen, sogenannten Wachstumsfaktoren führen. Die stimulieren das Auswachsen von Fortsätzen und die Neubildung und Festigung von Kontakten (Synapsen) der Nervenzellen, die im Gehirn aktiviert worden sind und so zur Lösung des betreffenden Problems beigetragen haben. Dadurch werden diese Verknüpfungen ausgebaut und gefestigt und deshalb klappt die betreffende Lösung dann beim nächsten Mal schon deutlich besser.

»Bahnung« nennen die Hirnforscher diese strukturelle Verankerung von erfolgreichen Angstbewältigungsreaktionen. Aus anfangs noch dünnen und fragilen »Nervenwegen« werden dadurch zunehmend besser ausgebaute, rascher aktivierbare und effektiver nutzbare »Nervenstraßen«, bisweilen sogar Autobahnen. Dann reagiert die betreffende Person auf eine bestimmte Bedrohung fast automatisch mit einer entsprechenden, kohärenzstiftenden Lösung.

Leider erweisen sich nicht alle Lösungen, die ein Mensch als Kind, als Jugendlicher oder als Erwachsener findet und die auf diese Weise in seinem Gehirn strukturell verankert werden, auch langfristig als tragfähig und auch noch später im Leben als geeignet, um diesen Zustand von Kohärenz wiederherzustellen und aufrechtzuerhalten. Wer beispielsweise irgendwann in seinem Leben die Erfahrung gemacht hat, dass es ihm vor allem deshalb immer wieder gelungen ist, gefährlichen Situationen zu entgehen, weil er so überaus wachsam und vorsichtig war, versucht dann oft auch für den Rest seines Lebens ein Höchstmaß an Wachsamkeit und Vorsicht walten zu lassen. Wer so unterwegs ist, hat dann freilich große Schwierigkeiten, sich an der Vielfalt und Veränderlichkeit des Lebens zu erfreuen und allem Neuen und Fremden unbefangen und vorurteilsfrei zu begegnen. Andere haben vielleicht die Erfahrung gemacht, dass es ihnen sehr geholfen hat, angesichts von Bedrohungen und Gefahren alles im Griff zu behalten und bloß nicht die Kontrolle zu verlieren. Das ist eine sehr hilfreiche Vorstellung und um sie möglichst kompetent einsetzen zu können, versuchen solche Personen dann ja auch, sich möglichst viel Wissen und Können anzueignen. Oft gelingt es ihnen damit auch, schwierige oder gar bedrohliche Situationen sehr kompetent wieder unter ihre Kontrolle zu bringen. Wenn sie das dann aber genauso mit ihren

Lebenspartnern oder ihren Kindern machen wollen, scheitern sie meist kläglich.

Es gibt allerdings auch Menschen, die immer dann, wenn irgendetwas schwirig oder gar bedrohlich wurde, jemanden gefunden oder an ihrer Seite hatten, der ihnen sagte, was dann zu tun war, der ihnen zeigte, wie etwas geht, und der ihnen geholfen hat, gefährliche Situationen zu überstehen. Das ist zwar sehr hilfreich, funktioniert aber überhaupt nicht mehr, wenn diese bisherigen Unterstützerinnen, Ratgeber und Führungspersonen später im Leben nicht mehr zur Verfügung stehen. Dann neigen solche Menschen sehr leicht dazu, sich jemanden zu suchen und sich ihm anzuschließen, der geeignet erscheint, ihnen durch die Widrigkeiten ihres Lebens hindurchzuhelfen, für sie zu sorgen oder der sogar bereit ist, ihnen alles abzunehmen, was sie selbst nicht bewältigen können. Ihre Bedürftigkeit macht sie dann besonders anfällig für alle Heilsversprecher, Lebensberaterinnen und selbsternannte oder von ihnen ausgewählte Leithammel.

Manche der im Hirn verankerten Bewältigungsstrategien führen zu psychischen Erkrankungen

Das Spektrum der Lösungen, die Menschen im Lauf ihres Lebens finden oder von anderen Personen übernehmen und die in ihrem Gehirn in Form gebahnter Netzwerke verankert werden, ist beeindruckend vielfältig. Besonders auffällig und deshalb auch genauer untersucht und beschrieben sind all jene Bewältigungsstrategien, die bei manchen Personen so tief in die Funktionsweise des Gehirns integriert werden, dass sie deren gesamtes Denken, Fühlen und Handeln bestimmen. Diese Menschen unterscheiden sich dann sehr deutlich von allen anderen. Sie fallen auf, erscheinen als nicht »normal«, und weil es ihnen dann auch zunehmend schwerer fällt, ein »normales« Leben zu führen, sie aber diese in ihrem Gehirn abgelaufenen strukturellen Bahnungs- und Umbauprozesse selbst nicht wieder rückgängig machen können, versuchen Psychotherapeutinnen und Psychiater ihnen dabei zu helfen, wieder in ein »normales« Leben zurückzufinden.

Angsterkrankungen und angstbedingte Störungen heißen dann die Diagnosen, die diesen Menschen zugeschrieben werden. Als Ausdruck einmal gefundener und zur Bewältigung von Angst im Gehirn verankerter »Lösungen« können aber auch Zwangsstörungen, Essstörungen, Suchterkrankungen, posttraumatische Belastungsstörungen, Depressionen, Psychosen und wahrscheinlich noch eine ganze Reihe weiterer, vor allem auch psychosomatischer Erkrankungen betrachtet werden.

Die meisten der im Gehirn verankerten Bewältigungsstrategien gelten als »typisch menschlich« und »völlig normal«

Es ist durchaus verständlich, dass manche Menschen aufgrund der von ihnen gemachten Erfahrungen zu der Überzeugung gelangt sind, dass es im Leben darauf ankomme, äußerst wachsam zu sein, keine Gefahr zu übersehen und niemandem blind zu vertrauen. Auch die Überzeugung, dass alles so gut wie möglich kontrolliert werden muss, damit es nicht aus dem Ruder läuft, ist durchaus gerechtfertigt. Vor allem dann, wenn sie aus der Erfahrung abgeleitet wurde, dass durch kontrolliertes und kompetentes eigenes Handeln so manche gefährliche Situation gut überstanden worden ist.

Und Recht haben auch all jene, die aufgrund ihrer bisher gemachten Erfahrungen davon überzeugt sind, dass es andere Menschen gibt, die sie vor Bedrohungen schützen können, weil diese über mehr Wissen und größere Kompetenzen, auch über mehr Macht und Einfluss verfügen. Manche begeben sich deshalb gern unter die Obhut solcher Anführer. Viele versuchen aber auch nur, sich immer besonders gut zu informieren, damit sie nichts verpassen und übersehen, was gefährlich werden könnte.

Es gibt aber auch Menschen, die bemerkt haben, dass ein in ihnen aufkommendes Gefühl von Angst plötzlich wieder weg ist, wenn sie etwas tun, das sie irgendwie ablenkt. Beispielsweise, indem sie sich eine Unterhaltungssendung anschauen oder ein Fußballspiel. Kriminalfilme und Actionthriller scheinen dafür besonders geeignet zu sein. Einkaufen funktioniert bei manchen auch. Niemand entdeckt eine solche Ablenkungsstrategie bewusst und setzt sie dann gezielt ein. Es geschieht anfangs meist zufällig, oft durch planloses Herumsuchen und einfach irgendetwas tun wollen. Die betreffende Person spürt dann nur, dass es ihr besser geht, wenn sie so etwas gefunden hat. Es entsteht ja auch mehr Kohärenz im Gehirn, sobald man etwas macht, das von den sich dort ausbreitenden angstbesetzten Gedanken ablenkt.

Sich angesichts bedrohlicher Schwierigkeiten, in denen man steckt, ein paar Gläschen eines alkoholhaltigen Getränks zu gönnen, funktioniert auch recht gut, ebenso wie die Einnahme psychoaktiver Drogen und Medikamente. Manche betäuben sich auch mit sehr viel Arbeit, die sie sich selbst aufbürden. Und einige Menschen spüren, gewissermaßen als Bauchgefühl, dass es ihnen besser geht und die bohrenden Gedanken im Kopf verschwinden, wenn sie sich etwas Gutes zu essen gönnen – am besten mit viel Zucker oder Fett oder auch gleich beides zusammen in Form von Schokolade. Andere erreichen das gleiche gute Gefühl, indem sie gar nichts essen, also fasten.

Wenn es einem angesichts zu großer Probleme und der damit einhergehenden Ängste alles zu viel wird, kann man sich auch einfach davonmachen. Am Besten in ein Urlaubsressort mit ganztägiger Bespaßung und allem, was man sonst noch gern hätte – all inclusive.

Ich höre an dieser Stelle mal auf. Sie werden sicher noch eine ganze Reihe von Verhaltensweisen kennen, die Menschen unbewusst nutzen, um sich nicht mit den Problemen und Ängsten auseinandersetzen zu müssen, die ihr Gehirn in diesen unangenehmen Zustand einer sich dort ausbreitenden Inkohärenz bringen. Aber Sie ahnen vielleicht schon, worauf das alles hinausläuft.

Wenn viele Menschen nach Möglichkeiten suchen, um ihre Ängste zu beschwichtigen, bietet das anderen die Chance, ihnen dafür geeignete Lösungen anzubieten

Ja, damit sind wir nun, ohne es zu beabsichtigen, in der Konsum- und Unterhaltungsindustrie, bei den Genussmittelherstellern, Reiseveranstaltern und all jenen angekommen, die – oft genug genauso unbewusst und nur von einem Bauchgefühl geleitet – genau das anbieten, was sich ihre Kundinnen und Kunden wünschen. Überwachungskameras, Rund-um-die-Uhr-Nachrichten und intelligente digitale Warnsysteme für diejenigen, die gern alles genau überwachen. Weiterbildungskurse, Lehrgänge und Schulungen für alle, die in einer schwierigen oder bedrohlichen Situation so kompetent wie möglich reagieren wollen. Für den Extremfall werden deshalb in manchen Ländern sogar Schusswaffen angeboten. Für all jene Menschen, die häufig genug am eigenen Leib gespürt haben, dass ihre quälenden, angstbesetzten Gedanken plötzlich weg waren, sobald sie etwas taten, das sie davon ablenkte, gibt es ein bemerkenswert reichhaltiges und offenbar von vielen gern genutztes Spektrum entsprechender Ablenkungs-, Unterhaltungs- und Beschäftigungsangebote. Der Markt für Freizeit-, Tourismus- und Urlaubsangebote wächst in dem Maß, wie sich inkohärente Zustände in den Köpfen von sehr vielen Menschen immer stärker auszubreiten beginnen. Viele suchen deshalb nach einem möglichst gutbezahlten Job, um sich das alles leisten zu können.

Stellen Sie sich eine Gesellschaft vor, in der es sehr viele Menschen gibt, die sehr gern etwas finden oder machen würden, um Schwierigkeiten und Probleme und die sich in ihren Gehirnen ausbreitenden, mit unangenehmen Gefühlen einhergehenden Inkohärenzen abzustellen. Sie wollen also ein weniger belastendes, ein angenehmeres Leben führen. Und sie haben auch alle auf die eine oder andere Weise schon erlebt, dass unangenehme, Angst auslösende Gefühle rasch verschwinden, wenn sie etwas Bestimmtes machen.

Je schlechter es diesen Personen geht, desto intensiver suchen sie dann nach dem, was ihnen in ähnlichen Situationen auch schon geholfen hat. Und wenn es andere Menschen gibt, die ihnen genau das anbieten, werden sie dieses Angebot auch gern annehmen. Dann sind sie auch bereit, dafür einen Teil ihres Einkommens zu bezahlen. So werden sie zu Kunden und zählen zur Zielgruppe der Anbieter derartiger Produkte und Leistungen. Und wenn die Nachfrage wächst, wird mehr produziert. Neue Fabriken werden gebaut, Lieferketten organisiert, Vertriebs- und Verkaufseinrichtungen geschaffen.

All das sind nun Strukturen, die sich in der betreffenden Gesellschaft herausbilden. Entstehen, wachsen und immer effizienter werden können sie deshalb, weil es in der betreffenden Gesellschaft viele Personen gibt, die genau danach suchen. Gelenkt wird deren Suche durch die individuelle Erfahrung, dass genau das, was ihnen von einem Verkäufer oder Dienstleister angeboten wird, tatsächlich geholfen hat, ihre Unsicherheiten und Ängste nicht mehr zu spüren, sich wieder wohler, glücklicher und freier zu fühlen.

Die Lösungen, die Menschen zur Bewältigung ihrer Ängste finden, führen zur Herausbildung von Strukturen, die ein Zusammenleben ohne Angst in ihrer jeweiligen Gesellschaft gewährleisten sollen

Nicht nur die Herausbildung der zur Bereitstellung Angst beschwichtigender Produkte und Dienstleistungen erforderlichen ökonomischen Strukturen wird von dem Bedürfnis der in einem

bestimmten Gesellschaftssystem lebenden und nach Unterdrückung, Beschwichtigung oder Verdrängung ihrer Ängste suchenden Menschen bestimmt. Dass sich damit sehr viel Geld verdienen lässt, steht außer Frage. Für die Anbieter derartiger Produkte und Dienstleistung erwächst aus diesem Umstand die nicht ganz leicht zu widerstehende Versuchung, die Nachfrage und den Absatz ihrer jeweiligen Produkte und Dienstleistungen zu steigern, indem sie auf die Gefahren hinweisen, die ihren potentiellen Kunden drohen, wenn diese ihr Angebot nicht nutzen. Das Spektrum dieser Angst machenden Warnungen reicht von dem Hinweis, den eigenen Kindern genau das vorzuenthalten, was sie für eine gesunde Entwicklung und ein erfolgreiches Leben brauchen, bis hin zu den eindringlichen Empfehlungen, womit sich vorzeitiger Haarausfall, Faltenbildung und nachlassende geistige Leistungsfähigkeit im Alter verhindern lässt. Genauso begünstigen das Sicherheitsbedürfnis und der Wunsch nach Schutz und Kontrolle vieler Menschen die Herausbildung gesellschaftlicher Einrichtungen und Strukturen, die dann als Polizei oder als Grenzschutz, als Geheimdienste oder Überwachungsfirmen dafür sorgen sollen, dass nichts passiert, was Leib und Leben sowie Hab und Gut der Bürger und Bürgerinnen bedroht. Für jeden, der in einer solchen Einrichtung oder Institution arbeitet, ist die Versuchung sehr groß, der Bevölkerung immer wieder zu verdeutlichen, wie real und wie vielfältig die Gefahren sind, vor denen sie die Menschen schützen. Was wäre ein Geheimdienst wert, der nichts findet, wovor er warnen könnte? Oder Polizisten, die der Bevölkerung nicht hinreichend deutlich machen, wie gut sie diese vor allen möglichen Gefahren beschützen?
Damit Eltern nicht befürchten müssen, dass ihre Kinder sich später im Leben nicht zurechtfinden, keinen angesehenen Beruf erlernen können und als Versager am Rand der Gesellschaft ihr Auskommen suchen müssen, gibt es Schulen, Berufsschulen und Universitäten. Die dort beschäftigten Lehrkräfte können

aber nur sicher sein, dass Eltern auch künftig darauf achten, dass ihre Kinder diese Einrichtungen besuchen und möglichst viel lernen, solange die Eltern fest davon überzeugt sind, dass ein guter Abschluss die entscheidende Voraussetzung für eine erfolgreiche Karriere ihrer Kinder ist. Deshalb ist die Versuchung aller im Bildungssystem beschäftigten Personen so groß, den Eltern immer wieder möglichst eindringlich deutlich zu machen, wie wichtig der Besuch ihrer Einrichtungen und die Erlangung der dort vergebenen Abschlüsse ist und wie fahrlässig es wäre, ihren Kindern das nicht hinreichend deutlich zu machen.

Unvorstellbar für die meisten Bürger eines Landes ist ein nicht zuverlässig funktionierendes Militär zur Abwehr der von anderen Ländern möglicherweise ausgehenden Bedrohungen. Gegebenenfalls solle es auch in der Lage sein, einem Angreifer zuvorzukommen und selbst zuzuschlagen, bevor das eigene Land überfallen und unterworfen wird. Deshalb wird der Aufbau einer möglichst leistungsfähigen, modernen Rüstungsindustrie vorangetrieben und ein beträchtlicher Anteil der gesamtgesellschaftlich erwirtschafteten finanziellen Mittel für die Bereitstellung einer »schlagfähigen Truppe« eingesetzt. Für all jene, die an der Produktion dieser Rüstungsgüter und am Aufbau und der Einsatzfähigkeit dieses militärischen Abwehrsystems beteiligt sind, ist die Versuchung beträchtlich, der Bevölkerung immer wieder vor Augen zu halten, wie groß die von feindlichen Nationen ausgehende Bedrohung ist.

Selbstverständlich wollen die meisten Bürgerinnen und Bürger auch möglichst gut über alles informiert werden, was in ihrem Land oder sonst irgendwo auf der Welt geschieht. Vor allem geht es ihnen um das rechtzeitige Erkennen möglicher Gefahren. Dieses Bedürfnis kann umso besser gestillt werden, je breiter und vielfältiger ein dafür geeignetes mediales Informationsnetz aufgebaut und zur Verfügung gestellt wird. Es soll Nachrichten aus aller Welt liefern, rund um die Uhr, in Bild, Ton und Text, aktuell, zuverlässig und objektiv. Aber zu teuer darf es auch nicht werden, es soll sich am besten selbst finanzieren, durch Werbeeinnahmen. Wer die höchsten Abonnentenzahlen oder Einschaltquoten hat, ist dann zwangsläufig auch der beste Kunde für die Werbeindustrie. Und was fesselt die Aufmerksamkeit der Zuschauer, Zuhörerinnen oder Leser mehr als der Bericht über eine sich anbahnende allgemeine Gefahr? Der Versuchung, Ereignisse, die sich irgendwo auf der Welt abspielen, als große Bedrohung, womöglich für die gesamte Menschheit, darzustellen, ist unter diesen Voraussetzungen nur schwer zu widerstehen.

Um das Ausmaß der Bedrohung einschätzen zu können, werden Experten befragt. Am liebsten solche, die besonders gut deutlich machen können, wie gefährlich die jeweilige Situation und das betreffende Geschehen ist. Schwer zu finden sind sie nicht, denn es gibt genügend Wissenschaftler, die ein großes Interesse daran haben, der Bedeutung ihrer jeweiligen Fachdisziplin und ihrer eigenen Person durch einen entsprechenden Beitrag öffentlich Nachdruck zu verleihen. Wissenschaftsdisziplinen und Experten, die sich mit Themen beschäftigen, die niemanden interessieren, laufen ständig Gefahr, bei der Vergabe von Fördermitteln, Aufträgen und Projekten zu kurz zu kommen. Deshalb ist es für solche Experten nicht leicht, der Versuchung zu widerstehen, die von ihnen oder ihrer Disziplin erarbeiteten Befunde so darzustellen, dass deren Bedeutung für die Abwendung von Gefahren und Bedrohungen möglichst gut verstanden und wertgeschätzt werden.

Weil Menschen besonders große Angst vor unheilbaren Erkrankungen haben und in der Vergangenheit auch oft geeignete Behandlungsmöglichkeiten von den medizinischen Wissenschaften und Ärzten gefunden werden konnten, ist der Aufbau und die Förderung medizinischer Grundlagenforschung und die Schaffung eines zuverlässigen, gut funktionierenden Gesundheitssystems den meisten auch besonders wichtig. Sie alle haben Angst davor, an etwas zu erkranken, das nicht heilbar ist und in einem qualvollen Tod endet. Das ist verständlich. Da diese medizinische Forschung und die Leistungen des Gesundheitssystems aber ziemlich viel Geld kosten, ist es ebenso verständlich, dass die Betreiber dieser Einrichtungen ein Interesse daran haben, diese Kosten zu minimieren. Am besten sollten die medizinischen Einrichtungen selbst Einnahmen erwirtschaften, um ihre eigenen Kosten zu decken. Wenn eine medizinische Forschungseinrichtung oder ein Krankenhaus sich aber gezwungen sieht, die für die Erfüllung seines Zweckes erforderlichen Mittel selbst zu erwirtschaften, wächst die Versuchung, auch solche Behandlungen anzubieten, die erst dann nachgefragt werden und von Patientinnen und Patienten in Anspruch genommen werden, wenn diese von der Dringlichkeit und der Notwendigkeit der betreffenden Behandlung überzeugt werden können. Dazu ist es aber erforderlich, einer breiten Bevölkerung auf möglichst eindringliche Weise vor Augen zu führen, wie gefährlich es wäre, bestimmte Behandlungen oder Maßnahmen zu unterlassen.

Um all diese in einer Gesellschaft ablaufenden Prozesse auch einigermaßen lenken, regulieren und kontrollieren zu können, wünscht sich die Bevölkerung eines Landes eine möglichst kompetente Regierung. Sie soll – unter Abwägung der von allen gesellschaftlichen Akteuren vertretenen Interessen und der von ihnen verfolgten Absichten und Ziele – dafür sorgen, dass es den Bürgerinnen und Bürgern möglichst gut geht und sie unbeschwert und ohne Angst leben können.

Solange die Welt noch einigermaßen überschaubar ist, weil sie an den Ländergrenzen endet und nur wenige Leute im Land etwas zu sagen haben, ist das nicht allzu schwierig. Das bringt bisweilen sogar ein autokratischer Alleinherrscher zustande, der sich die dafür erforderlichen Vollmachten verschafft und dem umsichtige und kompetente Berater zur Verfügung stehen. Aber in einer globalisierten und digitalisierten Welt, in der alles, was passiert, eng miteinander verflochten ist und sich wechselseitig bedingt, kommen solche Regierungsformen rasch an ihre Grenzen. Sie werden dann von demokratisch gewählten Parlamenten und Regierungen abgelöst.

Aber auch ihnen gelingt es nur schwer, die widerstreitenden Interessen der Bevölkerung, der historisch gewachsenen Verbände, Organisationen und Institutionen unter einen Hut zu bringen und all die vielen Probleme zu lösen, die in einer so komplex gewordenen Welt in immer neuer Form auftauchen und kaum noch von einem einzelnen Land zu bewältigen sind. Es muss für engagierte Politiker und Politikerinnen schwer sein, sich damit abzufinden und ständig nach dem kleinsten gemeinsamen Nenner als Kompromisslösung zu suchen.

Falls sich ihnen aber aus irgendeinem Grund unerwarteterweise die Gelegenheit bietet, endlich einmal zu zeigen, dass sie ja doch sehr gut in der Lage sind, eine Gefahr zu erkennen und durch kompetentes Handeln abzuwenden, kann ihnen niemand verübeln, dass sie diese Gelegenheit mit aller Kraft und in großem Einvernehmen nun auch konsequent beim Schopf ergreifen. Zu hoffen bleibt dann nur, dass sie die von ihnen in Gang gesetzten Maßnahmen auch noch dann, wenn die vermutete Bedrohung vorbei ist, als gerechtfertigt, notwendig und erfolgreich darstellen können.

Die strukturelle Verankerung von Angst beschwichtigenden Lösungen im Gehirn einzelner Menschen folgt dem gleichen Grundprinzip wie die strukturelle Verankerung von Angst beschwichtigenden Lösungen auf gesellschaftlicher Ebene

Die eingangs in diesem Kapitel dargestellten Beispiele machen deutlich, wie Menschen individuell auf Bedrohungen reagieren. Sie zeigen, auf welche Weise jede und jeder Einzelne bedrohliche Veränderungen ihrer jeweiligen Lebenswelt zu beherrschen, zu verdrängen oder zu überwinden lernen. Die jeweils gefundenen Lösungen werden in Form der dabei aktivierten und genutzten Verschaltungsmuster von Nervenzellen in ihren Gehirnen strukturell verankert. Diese individuell gemachten Erfahrungen, wie Probleme gelöst werden können, bilden die Grundlage und Rechtfertigung für die Herausbildung von Strukturen und Organisationsformen zur Beherrschung, Verdrängung und Überwindung der Angst auf der Ebene der betreffenden Gesellschaft, in die diese vielen Einzelnen eingebettet sind.

Strukturell verankert werden also auf beiden Ebenen, der individuellen wie auch der gesellschaftlichen, auf jeweils unterschiedliche Weise nicht das Angst auslösende Problem, sondern die zur Beschwichtigung dieser Angst individuell und dann auch gesamtgesellschaftlich gefundenen Lösungen. Im Fall jedes einzelnen Menschen handelt es sich dabei um die Herausbildung, den Ausbau und die Festigung der zur Beschwichtigung seiner Angst geeigneten neuronalen Verschaltungen und der von ihnen gesteuerten Verhaltensweisen. Auf gesellschaftlicher Ebene handelt es sich dabei um ökonomische, soziale, mediale, militärische, politische und eine Vielzahl weiterer Strukturen, die in Form spezifischer Organisations- und Verwaltungseinrichtungen von den Mitgliedern einer Gesellschaft zur Beschwichtigung ihrer Ängste geschaffen, aufrechterhalten und ausgebaut werden.

In beiden Fällen ist die alle Selbstorganisationsprozesse in eine bestimmte Richtung lenkende und zur Herausbildung dieser jeweiligen Strukturen führende Kraft, die sich aus dem Zweiten Hauptsatz der Thermodynamik ergebende Notwendigkeit, den zur Aufrechterhaltung der Struktur und Funktion eines lebenden Systems (auch eines Gehirns oder einer ganzen Gesellschaft) erforderlichen Energieaufwand zu minimieren. Es muss also im Gehirn wie auch in der Gesellschaft alles so gut wie möglich zusammenpassen, es muss ein Zustand größtmöglicher Kohärenz erreicht werden, um die Integrität des betreffenden Systems aufrechtzuerhalten.

Unter ungünstigen Bedingungen können die in einzelnen Bereichen des Gehirns entstehenden Aktivierungsmuster so dominant werden, dass sie die gesamte Arbeitsweise des Gehirns bestimmen. Das gesamte Denken, Fühlen und Handeln der betreffenden Person wird dann beispielsweise von der festen Überzeugung beherrscht, wie eine herannahende Bedrohung abzuwenden sei.

In vergleichbarer Weise kann auch eine ganze Gesellschaft von den Vorstellungen wirkmächtiger Einrichtungen und Organisationen beherrscht werden, deren Vertreter und Vertreterinnen zu wissen meinen, wie eine gesamtgesellschaftliche Bedrohung abzuwenden sei, worauf es folglich in dieser Situation für den Fortbestand der jeweiligen Gesellschaft ankomme.

Wie sehr diese propagierten Vorstellungen aber in Wirklichkeit aus der Angst erwachsen sind, die betreffende Einrichtung oder Organisation könne ihre eigene Daseinsberechtigung verlieren und ihre Bemühungen zunichtemachen, die für ihren Fortbestand erforderliche gesellschaftliche Anerkennung und Unterstützung zu finden, wird dann meist erst viel später erkennbar.

6 Weshalb ist das Schüren von Angst die wirksamste Strategie, um Menschen gefügig zu machen?

Um zu vermeiden, dass sich in ihren Gehirnen ein zu großes Durcheinander in Form einer tiefreichenden Inkohärenz ausbreiten kann, bemühen sich alle Menschen darum, ihre jeweilige Lebenswelt so zu gestalten, dass alles möglichst gut zusammenpasst.

Jeder Einzelne hat allerdings eine bestimmte Vorstellung davon, wie diese Welt, also seine »Umwelt« oder »Mitwelt« beschaffen sein müsste, damit es ihm – und, wie er meint, auch allen anderen – möglichst gut geht und sich nichts Bedrohliches ereignen kann. Mit diesen jeweiligen Vorstellungen ist aber niemand schon auf die Welt gekommen, die hat jede und jeder erst durch eigene Erfahrungen herausgebildet oder von anderen, persönlich bedeutsamen Bezugspersonen übernommen. Deshalb sind diese Vorstellungen niemals identisch, sie unterscheiden sich von Person zu Person. Weil wir Menschen als soziale Wesen nicht ohne andere leben können, wünscht sich jede und jeder, dass alle anderen möglichst die gleichen oder zumindest ähnliche Vorstellungen haben und diese, ebenso wie sie und er selbst, zu verwirklichen versuchen. So wäre das Leben in solch einer Gemeinschaft angenehm, denken sie – und meinen damit »kohärent« und deshalb auch wenig anstrengend bzw. energieaufwendig.

Die Instrumentalisierung der Angst zur Verwirklichung
eigener Vorstellungen

Wahrscheinlich können wir es uns gar nicht vorstellen, wie tief und unauflösbar die Nervenzellverschaltungen im Gehirn mancher Menschen verankert werden, die an der Aufrechterhaltung ihrer Vorstellungen, worauf es im Leben ankommt, beteiligt sind. Diese Überzeugungen bestimmen nicht selten das gesamte Denken, Fühlen und Handeln der betreffenden Person. Sie werden verknüpft und sind untrennbar verbunden mit dem, was wir als das »Selbstbild« und die »Identität« einer Person bezeichnen.
Sehr viele Menschen sind fest davon überzeugt, dass die von ihnen vertretenen Vorstellungen, worauf es im Leben ankomme, auch für andere oder gar alle anderen geeignet seien, um all die vielen Probleme zu lösen und eine friedlichere, gerechtere, sorgen- und angstfreie Welt aufzubauen. Wer ihre Auffassung nicht teilt und nicht zu einem Mitstreiter für die Durchsetzung dieser Ideen werden will, wird nicht unmittelbar als unliebsamer Gegner betrachtet. Ihr oder ihm wird zunächst erst einmal erklärt und dann auch in drastischen Bildern vor Augen geführt, welche Gefahren auf ihn, auf seine Familie, auf die gesamte Menschheit zukommen, wenn die betreffenden Vorstellungen nicht umgesetzt werden.

Für die Verwirklichung ihrer Ideen ist es für solche Menschen deshalb eine naheliegende Versuchung, all jenen, die in ihren Augen noch von der Gültigkeit ihrer jeweiligen Vorstellungen überzeugt werden müssen, mit entsprechenden Schreckensszenarien Angst einzuflößen (»dieses oder jenes wird passieren, wenn wir nicht alle so schnell wie möglich ...«).

Die Instrumentalisierung der Angst zur Durchsetzung eigener Ziele und Absichten

Ebenfalls schwer nachzuempfinden ist wohl auch der Schmerz, den manche Menschen, oft schon als Kinder, empfinden, weil sie ihr angeborenes Bedürfnis nach Verbundenheit und Geborgenheit einerseits und das nach Autonomie und Freiheit andererseits nicht stillen können. Oft haben sie in den Gemeinschaften, in denen sie leben und die sie bisher kennen gelernt haben, kaum positive, verbindende und sie stärkende Erfahrungen machen können. In ihren Herkunftsfamilien nicht, in der Schule nicht, mit Gleichaltrigen nicht und auch nicht später im Berufsleben. Um den damit einhergehenden Schmerz zu überwinden, mussten sie ihr Bedürfnis, dazuzugehören und in der Gemeinschaft mit anderen wachsen und sich entfalten zu können, möglichst wirksam und nachhaltig zu unterdrücken lernen. In ihrem Gehirn haben sich dabei Nervenzellverschaltungen herausgebildet, die eine hemmende Wirkung auf all jene Bereiche ausüben, in denen diese Bedürfnisse generiert werden. So sind diese Personen zu Einzelkämpfern geworden. Statt sich gemeinsam mit anderen auf den Weg zu machen, benutzen sie andere Menschen, um ihren ganz persönlichen Weg zu gehen, um ihre selbstbezogenen Vorstellungen davon zu verwirklichen, worauf es für ihr Wohlergehen, für ihren Erfolg, für ihr Ansehen ankommt.
Am besten lassen sich diese persönlichen Ziele und Absichten erreichen, wenn es einer solchen Person gelingt, Macht

über andere zu erlangen. Die einfachste und am leichtesten zu durchschauende Strategie besteht darin, andere Menschen zu beherrschen und zu unterdrücken. Dazu müssen diesen anderen Angst machende Konsequenzen angedroht werden, sollten sie sich den Anordnungen dieser Machthaber widersetzen. Eine wesentlich subtilere und nicht ganz so leicht zu durchschauernde Strategie zur Durchsetzung eigener Ziele und Absichten besteht in dem Versuch, andere Menschen von sich selbst oder von etwas abhängig zu machen, das sie für diese anderen bereitstellen oder ihnen anbieten. Dazu bedarf es keiner Angst einflößenden Unterdrückungsmaßnahmen. Das gelingt Menschen, die nach Erfolg, Macht und Einfluss streben, indem sie andere auf möglichst geschickte Art und Weise verführen. Angst bekommen die so Verführten zwangsläufig immer dann, wenn ihnen genau das vorenthalten oder nicht länger zur Verfügung gestellt wird, was der Verführer ihnen bisher angeboten hatte, um ihren Traum von einem bequemen Leben ohne Angst verwirklichen zu können.

Die Stufenleiter der Möglichkeiten, anderen Menschen Angst zu machen

Es ist bemerkenswert, wie gut manche Personen gelernt haben, andere Menschen zu verängstigen, um sie gefügig zu machen. Um diese Fähigkeit herauszubilden, muss man nicht Neurobiologie oder Psychologie studiert haben. Es reicht völlig aus, genau zu beobachten, wie Menschen auf bestimmte Botschaften reagieren. Selbst der Dümmste wird dann erkennen, dass jeder Mensch, dem gesagt wird, dass etwas Bedrohliches auf ihn zukomme, zunächst prüft, ob diese Warnung gerechtfertigt ist. Wenn das zu schwierig ist oder zu lange dauert, hängt seine Reaktion auf diese Warnung davon ab, ob er dem Überbringer dieser Botschaft vertraut. Weil sie das wissen, versuchen alle Angstmacher, einen möglichst vertrauenswürdigen Eindruck zu erwecken.

Wenn der Adressat ihrer Warnungen die herannahende Bedrohung ernst nimmt, beginnt er nun blitzschnell abzuwägen, ob er imstande ist, diese Gefahr abzuwenden. Auch das wissen alle Angstmacher. Die weniger Geschickten versuchen das Naheliegendste und bauschen die von ihnen angekündigte Bedrohung einfach so sehr und so lange auf, bis ihr »Opfer« nicht mehr die geringste Chance sieht, ihr aus eigener Kraft zu entkommen. Dann stecken ihre »Opfer« in der Falle und sind bereit, die Vorschläge, Angebote und Maßnahmen ihres vermeintlichen Retters aus der Not willfährig anzunehmen und widerspruchslos zu befolgen.

Wesentlich subtiler gehen all jene Angstmacher vor, die nicht einfach nur das Ausmaß der Bedrohlichkeit dessen verstärken, was in der Vorstellung der »Opfer« von außen auf sie zukommt (die Katastrophe, der Terroranschlag, »die Russen« oder das lebensgefährliche Virus). Manche dieser Angstmacher versuchen stattdessen, die normalerweise in ihren »Opfern« vorhandenen Fähigkeiten zur Abwehr einer Bedrohung zu schwächen. Je unsicherer diese sind und je inkompetenter sie sich fühlen, desto leichter lassen sie sich auch durch heraufbeschworene Schreckensszenarien in einen verängstigten Zustand eigener Hilflosigkeit versetzen.

Am einfachsten lässt sich dieses Gefühl von Inkompetenz erzeugen, wenn derartige Angstmacher es schon vorher geschafft haben, ihren späteren »Opfern« alle Probleme abzunehmen und alle Schwierigkeiten beiseitezuräumen, so dass diese möglichst wenig Gelegenheit hatten, sich die für die Lösung von Problemen und die Bewältigung von schwierigen Situationen erforderlichen Kompetenzen anzueignen.

Je lebensuntüchtiger ein Mensch durch all diese Unterstützungs- und Hilfsmaßnahmen – auch durch die ständige Nutzung Sicherheit suggerierender Gerätschaften und Hilfsmittel –

geworden ist, desto leichter lässt er sich durch die Ankündigung einer bevorstehenden Bedrohung in Angst und Schrecken versetzen. Solche Menschen sind dann gern bereit, die von ihren »Rettern« vorgeschlagenen Gegenmaßnahmen zu befolgen – und auch die dazu als notwendig empfohlenen Mittel zu kaufen. Aber nicht in allen Fällen reichen die von einer Person erworbenen Fähigkeiten aus, um eine Gefahr abzuwenden. Wenn man etwas allein nicht schafft, ist es eine große Hilfe, auf die Unterstützung von Verwandten und Bekannten, von Freunden und anderen Personen zurückgreifen zu können, um die bedrohliche Situation gemeinsam mit ihnen zu meistern. Wie wichtig diese Ressource der Angstbewältigung für Menschen ist, die in Gefahr geraten, wissen auch die meisten Angstmacher. Deshalb versuchen sie, das Band zu lockern, womöglich sogar zu durchtrennen, das ihre »Opfer« mit anderen, sie unterstützenden Personen verbindet. Am leichtesten geht das, indem Angstmacher Misstrauen und Zwietracht säen, indem sie anderen einreden, jeder sei seines eigenen Glückes Schmied und die Selbstsucht, der Neid und die Gier seien genetisch in allen Menschen angelegt. Wer davon überzeugt ist, dass er sich deshalb allein durchschlagen muss und niemandem vertrauen darf, wird dann auch alles tun, um sein eigenes Leben zu retten. Wie das am besten geht, sagt ihm der jeweilige Angstmacher dann nur allzu gern. Die perfideste Strategie, anderen Menschen Angst einzujagen und sie dazu zu bringen, alles zu tun, was ihnen gesagt und von ihnen verlangt wird, beherrschen nur ganz besonders durchtriebene Profiteure der Angst. Sie nutzen dazu eine Fähigkeit aus, die vor allem bei jenen Menschen besonders stark ausgeprägt ist, die sich durch all diese bisher beschriebenen Strategien nicht so leicht gefügig machen lassen. Das sind meist sehr verantwortungsbewusste Personen, die sich gern um andere Menschen kümmern und die bereit sind, alles Mögliche dafür zu tun, damit die ihnen nahestehenden Personen keinen Schaden erleiden, keine Schmerzen ertragen oder gar sterben müssen.

Aus Kriegsfilmen kennen wir beispielhafte Szenen, in denen ein gefangener Partisan vor die Alternative gestellt wird, seine Kameraden und deren Pläne zu verraten oder zuschauen zu müssen, wie seine Eltern und seine Kinder ermordet, seine Tochter und seine Frau geschändet werden. Schlimmer geht es nicht, denn indem dieser Partisan sich selbst und seinen Kameraden treu bleibt, macht er sich schuldig am Tod und am Missbrauch seiner Angehörigen. Soweit müssen es erfolgreiche Angstmacher im alltäglichen Leben aber nicht treiben. In den meisten Fällen genügen schon die Andeutung und, wenn das nicht reicht, der deutliche Hinweis, dass jeder, der sich ihren Anordnungen widersetzt, seine Liebsten in Lebensgefahr bringt.

Das Schüren von Angst als alltäglich eingesetzte Strategie zur Durchsetzung persönlicher Interessen

Wer es bisher noch nicht bemerkt hat: Andere Menschen in Angst zu versetzen, um sie dazu zu bringen, sich so zu verhalten und so zu werden, wie es der jeweilige Angstmacher für richtig hält, ist nicht nur etwas, was »Mächtige« besonders gut können. So etwas machen wir alle auf die eine oder andere Weise tagtäglich, vielleicht nicht so absichtlich und bewusst und meist auch nur, weil wir es »gut meinen«. Wir wollen ja immer nur das Beste, wenn wir andere darauf hinweisen, welchen Gefahren sie sich aussetzen, wenn sie unsere Vorschläge nicht befolgen. »Wenn du nicht das tust, was ich dir sage, dann hat das diese Konsequenzen für dich.«
Wie oft benutzen wir diese Drohung, beispielsweise als Eltern, um unsere Kinder dazu zu bringen, sich nach dem Essen die Zähne zu putzen? Und je drastischer wir ausmalen, dass sie sonst Karies bekommen und ihre Zähne dann sogar herausfallen oder gezogen werden müssen, desto wahrscheinlicher ist es, dass sie es dann auch so machen, wie wir es von ihnen

erwarten. Und wenn sich unser Partner oder unsere Partnerin nicht so verhält, wie wir das für richtig halten, drohen wir ihm oder ihr womöglich sogar mit dem Ende der Beziehung oder mit einer anderen beängstigenden Konsequenz.

In der Schule, sagen wir, sollen die Kinder möglichst viel lernen, sonst bekommen sie schlechte Noten und Abschlüsse. Und je drastischer wir oder die Lehrer den Schülern vor Augen führen, dass sie sonst niemals den Beruf ergreifen können, den sie gern ausüben würden, und als Versager betrachtet werden, desto mehr hoffen wir, dass sie nun endlich »zur Vernunft« kommen und sich anstrengen.

Und wie viele Führungskräfte gibt es, die ihren Mitarbeitern und Mitarbeiterinnen deutlich machen, dass deren Leistungen unzureichend sind und sie entlassen werden, falls sie weiterhin nicht so »performen«, wie das von ihnen erwartet wird. Bisweilen fangen auch Kolleginnen und Kollegen an, all jene, die sich nicht so verhalten wie es erwünscht ist, aus ihrer Gemeinschaft auszuschließen, zu diffamieren und zu mobben, wie man das heute nennt. Dass sie damit Angst schüren, ist den meisten gar nicht bewusst.

Wenn Sie die Zeitung aufschlagen, das Radio oder das Fernsehen einschalten oder vergessen haben, die Werbespots auszuschalten, wenn Sie im Internet nach etwas suchen, werden sie zu lesen, zu hören und zu sehen bekommen, wie wichtig es für Sie ist, sich dieses oder jenes zu kaufen, damit Ihnen dieses oder jenes furchtbare Schicksal erspart bleibt: das wirksame Mittel gegen Haarausfall, gegen Demenz und Faltenbildung im Alter, das geeignete Gerät gegen Rückenschmerzen, gegen Einbrecher oder zur Abwehr von Krankheitserregern. Immer muss, damit es sich auch gut verkauft, die Angst möglichst effektiv geschürt werden. Und das geschieht meist so subtil und ist so weit verbreitet, dass uns oft gar nicht bewusst wird, wo diese Angstmacher ihre Köder überall zum Anbeißen oder Zugreifen für uns ausgelegt haben.

Das Schüren von Angst als gezielt eingesetzte Strategie zur Stärkung des Einflusses und der Bedeutung von Einrichtungen und Organisationen

Stellen Sie sich vor, Sie sind ein leitender Mitarbeiter im Verteidigungsministerium und Ihnen würde durch die Ergebnisse repräsentativer Umfragen vor Augen geführt, dass eine wachsende Anzahl der Bürger Ihres Landes der Meinung ist, dass die Verteidigungs- und Rüstungsausgaben viel zu hoch sind. Möglicherweise fängt die Bevölkerung schon an, eine Kürzung des Wehretats zu fordern. Was würden Sie dann tun? Sie sind ja fest davon überzeugt, dass ein Land ohne eine schlagfähige Armee verloren ist. Folglich müssen Sie alles in Ihrer Macht Stehende unternehmen, um der Bevölkerung vor Augen zu führen, wie groß die aktuelle Bedrohung durch feindliche Kräfte tatsächlich ist. Wenn Ihnen das nicht gelingt, können Sie einpacken. Vielleicht sind Sie aber auch ein Hersteller von künstlichen Hüftgelenken. Wie würden Sie reagieren, wenn sich immer mehr Patienten mit Hüftgelenksarthrose zu fragen beginnen, weshalb in keinem anderen Land so viele künstliche Hüftgelenke eingebaut werden wie in Ihrem? Wenn die potentiellen Abnehmer Ihres Produkts immer häufiger an der Notwendigkeit einer solchen Implantation zweifeln und nach alternativen Behandlungsmöglichkeiten suchen? Allzu lange werden Sie dieser Entwicklung nicht tatenlos zuschauen können, wenn die Nachfrage für Ihr Produkt rasant dahinschwindet. Kämen Sie dann nicht auch auf die Idee, allen Patienten mit solchen Hüftgelenksproblemen durch eine entsprechende Kampagne deutlich zu machen, wie wichtig und hilfreich es ist, sich operieren zu lassen, und welche langfristigen Folgen sie in Kauf nehmen müssen, wenn sie noch länger versuchen, diese unbedingt notwendige Operation zu vermeiden?
Genauso geht es auch allen anderen Verantwortlichen in Einrichtungen, Institutionen, Unternehmen und Organisationen, die nur

so lange ihre Finanzierung, ihre staatlichen Förderungen, die Bezahlung ihrer Mitarbeiter und den Fortbestand ihrer jeweiligen Einrichtungen und Organisationen gewährleisten können, wie es auch hinreichend viele an der Nutzung ihrer jeweiligen Angebote und Dienstleistungen interessierte Bürger und Kundinnen gibt. Auch denen bleibt gar nichts anderes übrig, als immer wieder öffentlich darauf hinzuweisen, welche großen Schwierigkeiten und Gefahren allen drohen, wenn es ihre jeweiligen Einrichtungen und Organisationen nicht mehr gäbe oder sie nicht mehr in der Lage wären, ihre wichtigen Aufgaben zu erfüllen.

Wer Angst schürt, zerstört langfristig genau das, was er dadurch aufrechtzuerhalten versucht

Es ist ganz natürlich, dass sich Menschen Sorgen um das eigene Wohlergehen machen und deshalb alles abzuwenden oder unter Kontrolle zu bringen versuchen, was ihren Traum von einem glücklichen Leben bedroht. Da wir soziale Wesen sind, lässt sich dieser Traum niemals allein verwirklichen. Deshalb können wir auch nicht tatenlos zuschauen, wenn unsere Liebsten etwas tun, das sie in Gefahr bringt. Unsere Kinder beispielsweise, wenn sie sich nicht die Zähne putzen wollen oder ständig vor ihren Monitoren herumsitzen, den ganzen Tag mit ihrem Smartphone beschäftigt sind und die Schulaufgaben vernachlässigen. Dass wir sie vor den Folgen ihres Handelns schützen wollen, ist nur allzu verständlich. Weil wir keine andere Idee haben, wie sie davon abzubringen sind, machen wir ihnen Angst vor dem, was geschehen wird, wenn sie nicht damit aufhören. Diese Strategie setzen wir aber nicht nur bei unseren Kindern ein, auch bei unseren Lebenspartnern, den eigenen Eltern, bei allen uns wichtigen Personen, deren Wohl uns am Herzen liegt.

Weil wir Angst davor haben, dass sie etwas tun, was in unseren Augen gefährlich ist, versuchen wir, sie davon abzuhalten, indem wir ihnen Angst machen. Dabei bemerken wir aber gar nicht, dass es in Wirklichkeit ja unsere eigene Angst (um ihr Wohlergehen) ist, die wir auf diese Weise zu bewältigen versuchen: »Die Angst«, sagt der Volksmund, »ist ein schlechter Ratgeber« und in gewisser Weise stimmt das wohl auch.

Wenn sich eine zu starke Inkohärenz im Gehirn ausbreitet und wir den Würgegriff der Angst im ganzen Körper spüren, müssen wir etwas tun, damit sich da oben alles wieder beruhigt und besser zusammenfügt. Dem Hirn ist es egal, ob das auch eine langfristig tragfähige Lösung ist. Hauptsache ist, es wird jetzt eine Reaktion in Gang gesetzt, die das Durcheinander im Kopf wieder etwas kohärenter macht.

Und wenn man Angst um jemanden hat, der dabei ist, sich selbst zu schädigen, ist es eben die naheliegendste und einfachste Lösung, ihn davor zu warnen. So kann man die eigene Angst erst einmal beschwichtigen. Diese so schnell für sich selbst gefundene Lösung zur Bewältigung der Angst muss aber nicht immer hilfreich für diese andere, geliebte Person sein. Möglicherweise gehen Sie ihr mit diesen Warnungen nur auf die Nerven, vielleicht fühlt sie sich von Ihnen bevormundet und löst dieses Problem dadurch, dass sie sich von Ihnen abwendet, Sie ablehnt und sich gar nichts mehr von Ihnen sagen lässt. Dann haben Sie das Gegenteil dessen erreicht, was Sie wollten. Noch schlimmer wird es für Sie, wenn Sie sich womöglich mit Ihrer Einschätzung geirrt haben. Wenn Ihnen Ihr Gegenüber erklärt – und Sie selbst erkennen müssen –, dass Ihre Ängste unbegründet und Ihre Befürchtungen nicht gerechtfertigt waren. Dann können Sie nur noch um Nachsicht bitten, aber Ihre Glaubwürdigkeit ist dahin. Günstiger wäre es gewesen, Sie hätten sich vorher genauer informiert und geprüft, ob Ihre Vorstellungen von dem, wovor Sie so eindringlich gewarnt hatten, auch zutreffend waren.

Ganz allein ist das bisweilen nicht so leicht herauszufinden. Deshalb ist der Austausch mit anderen so wichtig. Oft betrachten andere eine von Ihnen als gefährlich eingeschätzte Situation ganz anders und können Ihnen helfen, aus Ihrer Besorgnis um das Wohlergehen einer Ihnen nahestehenden Person herauszufinden.

Durch das Schüren von Angst gefährden aber auch all jene Personen genau das, was sie eigentlich bewahren und erhalten wollen, denen nicht das Wohl anderer, sondern ihr eigenes Wohlergehen am Herzen liegt. Das sind solche Menschen, die andere brauchen und auch benutzen, um das zu schützen und zu stärken, was sie für sich aufgebaut und geschaffen haben. Dazu zählen nicht nur ihr Hab und Gut, sondern auch ihr Ansehen, ihre Stellung und ihre Position, nicht selten auch die eigenen Vorstellungen und Überzeugungen, zu denen sie im Lauf ihres bisherigen Lebens gelangt sind. Sie haben Angst, diese für die Bewahrung ihrer Besitztümer und die Aufrechterhaltung ihres Selbstbildes erforderliche Unterstützung durch diese anderen zu verlieren. Deshalb machen sie ihnen Angst und führen ihnen vor Augen, was alles passieren wird, wenn sie ihnen ihre Unterstützung verweigern. Sei es, dass diese das von ihnen angebotene Mittel gegen Haarausfall nicht mehr kaufen wollen, dass sie ihnen und ihren Überzeugungen nicht länger zu folgen bereit sind. Kurzfristig mag diese Strategie geeignet sein, ihre eigene Angst zu beschwichtigen und diejenigen, denen sie Angst machen, bei der Stange zu halten. Aber über einen längeren Zeitraum hat das nie geklappt. Sogar die eine Zeitlang recht wirksamen, der Bevölkerung Angst einflößenden Stabilisierungsversuche der totalitären Regierungen des ehemaligen Ostblocks endeten mit ihrem völligen Zusammenbruch. Je schneller sich die Welt und die Verhältnisse, unter denen Menschen leben, verändern, umso rascher verlieren auch die von Angstmachern verbreiteten Vorstellungen und die von ihnen eingesetzten Methoden ihre Wirksamkeit. Das Leben lässt sich nicht in Schraubzwingen einklemmen und daran hindern, sich immer weiter zu entfalten.

7 Was stärkt unsere Widerstandskraft gegenüber Angst einflößenden Manipulationsversuchen?

Wenn Sie jetzt zu der etwas bestürzenden Einsicht gelangt sind, dass auch Sie einer Ihnen nahestehenden Person schon einmal Angst eingeflößt haben, um diese davor zu bewahren, sich in Gefahr zu bringen, sind Sie damit keinesfalls allein. Das machen wir fast alle so. Aber wenn Sie wollen, können Sie ja einfach damit aufhören und stattdessen versuchen, die Widerstandskraft Ihrer Liebsten gegenüber Angst machenden Botschaften zu stärken. Sagen Sie ihnen doch einfach die Wahrheit, nämlich, dass Sie Angst haben, ihnen könne etwas zustoßen.

Wenn Sie mögen und sich eine passende Gelegenheit dafür bietet, können Sie auch mit ihnen darüber reden, was Ihnen in Ihrem bisherigen Leben geholfen hat, schwierige Probleme zu meistern und in gefährlichen Situationen nicht den Kopf zu verlieren. Sie könnten Ihren Liebsten dann auch gleich erklären, was sich hinter diesem sonderbaren Ausdruck »den Kopf verlieren« verbirgt: dass jeder Mensch immer dann Angst bekommt, wenn er nicht weiß, was er angesichts einer auf ihn zukommenden Bedrohung machen soll. Und dass diese Angst deshalb ausgelöst wird, weil im Gehirn eine sich ausbreitende Erregung entsteht, die die bis dort herrschende Ordnung durcheinanderbringt und schließlich auch diejenigen Bereiche erfasst, die für die Regulation der im Körper ablaufenden Prozesse zuständig sind. Dann ergreift der Würgegriff der Angst den ganzen Körper. Und oben, im Kopf, in den für die

Regulation unseres Denkens, Fühlens und Handelns zuständigen Bereichen, dem präfrontalen Kortex, geht dann aufgrund des dort herrschenden Durcheinanders so gut wie gar nichts mehr. Das scheinen auch unsere Vorfahren bereits erkannt zu haben – ohne irgendeine Kenntnis von kohärenten und inkohärenten Zuständen oder gar des Zweiten Hauptsatzes der Thermodynamik.

Wer in Angst und Panik gerät, verliert aber nicht gleich den ganzen Kopf. Wenn die oberen, besonders komplex vernetzten Bereiche wegen zu großen Durcheinanders ausfallen, übernehmen die darunter liegenden, einfacheren und stabileren das Kommando. Dann fallen die betreffenden Personen zurück in alte, oft schon während ihrer Kindheit gebahnte Verhaltensweisen. Manche brüllen herum, hauen auf den Tisch oder schlagen die Türen zu. Andere ziehen sich zurück, essen erst einmal etwas Süßes oder räumen ihr Zimmer auf. Wenn das alles nichts hilft und das Durcheinander im Kopf und damit auch die Angst immer größer wird, übernimmt schließlich der Hirnstamm das Kommando. Dort liegen sehr stabile, uralte Nervenzellverschaltungen, die unsere sogenannten Notfallreaktionen steuern: Angriff, wenn das nicht geht: Flucht, und wenn gar nichts mehr geht: ohnmächtige Erstarrung.

Diese Fahrstuhlfahrt hinab in die schon bei den Krokodilen im Hirn vorhandenen Notfallprogramme wird sofort angehalten, wenn es der betreffenden Person gelingt, ihr angesichts der Bedrohung verloren gegangenes Vertrauen zurückzugewinnen. Wir Menschen verfügen über drei Vertrauensressourcen, die uns in schwierigen Situationen helfen, wieder einen kühlen Kopf zu bekommen, also den mit einer um sich greifenden Inkohärenz verbundenen enormen Energieverbrauch im Gehirn wieder zu verringern. In meinem Buch »Biologie der Angst« habe ich diese Ressourcen ausführlich beschrieben. Bildlich vorstellen kann man sie sich als einen dreibeinigen Hocker. Wenn ein Bein fehlt, fällt er mit dem, der darauf sitzt, sehr leicht um. Das erste Bein ist das Vertrauen in die eigenen Kompetenzen. Wer sich angesichts einer Bedrohung erinnert, dass er ja schon ähnliche Situationen ganz gut meistern konnte, der macht dann das, was ihm oder ihr auch damals schon geholfen hatte, und wenn es funktioniert, verschwindet die Angst. Manche Bedrohungen können aber so massiv werden, dass sie aus eigener Kraft beim besten Willen nicht zu bewältigen sind. Das schafft man dann nur gemeinsam mit anderen. Dazu muss man aber darauf vertrauen können, dass es im Umfeld Freunde und Verwandte gibt, die einem in solchen Fällen beistehen. Das wäre das zweite Bein dieses Hockers. Und das dritte brauchen wir für den Fall, dass auch das nichts nützt und die Bedrohung weder allein noch gemeinsam mit anderen abgewendet werden kann. Dann hilft nur noch der Glaube daran, dass es wieder gut wird. Beneidenswert sind deshalb all jene, die sich vorstellen können, dass es in der Welt oder im Universum, oder wo auch immer, etwas gibt, in das sie selbst eingebunden sind, das ihr Leben beschützt und bewahrt. Das klingt nicht so recht greifbar, aber dieses Grundgefühl, dass »es wieder gut wird«, scheint unsere stärkste Vertrauensressource zur Bewältigung der Angst zu sein, weil sie weder von unseren eigenen Kompetenzen noch von denen anderer abhängig ist.

Im Hinblick auf das, was im Gehirn dann abläuft, macht es keinen Unterschied, ob die Angst durch ein reales bedrohliches

Geschehen ausgelöst wird oder durch die bloße Vorstellung, dass etwas Gefährliches passieren könnte. In beiden Fällen ist sie der spürbare Ausdruck einer sich im Gehirn ausbreitenden und immer tiefer reichenden Inkohärenz. Und der Grund für dieses um sich greifende Durcheinander ist der Umstand, dass wir keine geeignete Lösung finden, um es abzustellen, sei es aus eigener Kraft, sei es mit der Unterstützung durch andere oder durch das Vertrauen, es werde schon alles wieder gut werden. Es spielt auch keine Rolle, ob die Vorstellung, etwas sei gefährlich, im eigenen Hirn entsteht oder durch andere Personen geweckt und geschürt wird. In beiden Fällen kommt es zu der gleichen sich im Hirn ausbreitenden Inkohärenz. Deshalb funktionieren ja alle Angst einflößenden Manipulationsversuche durch andere Personen so gut. Und natürlich funktionieren sie bei all jenen am besten, deren Vertrauen in die eigenen Kompetenzen ohnehin schon nicht sehr groß ist, die niemanden kennen, der ihnen in der Not beistehen würde, und die auch nicht darauf vertrauen können, von irgendetwas Größerem in dieser Welt beschützt und gehalten zu sein. Solche Menschen lassen sich am leichtesten in Angst und Schrecken versetzen. Und sie sind auch die Lieblingsbeute aller Angstmacher. Ihnen lässt sich am leichtesten einreden, was sie tun oder lassen müssten, welches Mittel und welche Gerätschaften sie kaufen sollten, damit sie endlich keine Angst mehr zu haben brauchen.

Die Stärkung des Vertrauens in die eigenen Kompetenzen

Damit wird nun auch sehr gut deutlich, was getan werden kann, um all diesen Angstmachern ihr Geschäft zu vermiesen: Wer sich in schwierigen Situationen selbst zu helfen weiß, wird durch deren Warnungen oder angesichts der von ihnen an die Wand gemalten Horrorszenarien nicht gleich den Kopf verlieren. Damit jemand aber ein möglichst breites Spektrum an eigenen

Kompetenzen zur Angstbewältigung herausbilden kann, muss die betreffende Person schon während ihrer Kindheit, aber auch später im Leben möglichst viele unterschiedliche Probleme selbst gelöst und Gefahren durch geeignete Verhaltensweisen überstanden haben. Wem schon als Kind alle Probleme und Schwierigkeiten von Eltern und anderen wohlmeinenden Unterstützern aus dem Weg geräumt werden, kann das freilich nicht lernen. Wenn wir unsere Liebsten also vor den Angst einflößenden Botschaften irgendwelcher Rattenfänger schützen wollen, sollten wir dafür sorgen, dass sie immer wieder mit neuen, durchaus auch gefährlichen Situationen konfrontiert werden. Allerdings nur mit solchen, die sie aus eigener Kraft und gegebenenfalls mit ein wenig Unterstützung durch uns zu bewältigen imstande sind. Nicht in der Theorie, sondern nur durch selbst gemachte praktische Erfahrungen können sich Kinder, Jugendliche und Erwachsene das Wissen und die Kompetenzen aneignen, die sie brauchen, um in bedrohlichen Situationen zu wissen, was zu tun ist.

Das Vertrauen in die eigenen, im bisherigen Leben bereits erworbenen Fähigkeiten zur Bewältigung von Schwierigkeiten zerbricht aber sofort und meist auch sehr nachhaltig, wenn sich die betreffende Person mit Problemen konfrontiert sieht, die so bedrohlich werden, dass sie nicht die geringste Chance hat, selbst etwas zu tun, um dieser Gefahr zu entkommen. Kindern geht das so, wenn sie erleben müssen, dass ihre eigenen Eltern völlig verzweifelt und hilflos reagieren, weil sie vor etwas Angst haben, das sie weder kontrollieren noch abstellen können. Wie viele Kinder müssen hilflos zuschauen, wie ihre Eltern ständig miteinander streiten, einander verletzten und irgendwann so ratlos sind, dass sie voreinander davonlaufen und sich trennen.

Wenn es noch nicht einmal ihre Eltern schaffen, verlieren diese Kinder das Vertrauen, dass sie jemals selbst in der Lage sein werden, Lösungen für ein Zusammenleben mit anderen ohne

Angst zu finden. Bindungstrauma nennen das die Psychotherapeuten.

Wenn wir nicht wollen, dass unsere Kinder später im Leben irgendwelchen Personen nachlaufen oder ihnen mit Liebesentzug und Trennung drohen, um sie für das, was sie mit ihnen vorhaben, gefügig zu machen, sollten wir alles tun, um sie vor solchen traumatischen Erfahrungen zu bewahren. Damit Heranwachsende stark werden, brauchen sie keine Maulhelden oder Warmduscher, sondern verantwortungsbewusste und liebevolle Begleiterinnen und Begleiter.

Die Stärkung des Vertrauens zu anderen Menschen

Es gibt Kinder, Jugendliche und Erwachsene, die lieber mit ihrem Hund, ihrem Pferd oder ihrer Katze zusammen sind als mit anderen Menschen. Sie fühlen sich zu diesem Tier hingezogen, weil es sich jedes Mal freut, wenn sie ihm entgegenkommen, weil es sie so annimmt, wie sie sind, weil es nichts von ihnen will, keine Vorbehalte oder Vorurteile ihnen gegenüber hat. Tiere können ihr Gegenüber nicht zum Objekt ihrer Absichten und Ziele, ihrer Belehrungen und Bewertungen, ihrer Maßnahmen und Anordnungen machen. Selbst wenn sie um Futter betteln, tun sie das nicht mit der Absicht, sich einzuschmeicheln, sondern weil sie sich so sehr über das Leckerli freuen, das ihnen dann vielleicht dargeboten wird. Wenn Tiere nicht speziell darauf abgerichtet werden, sich so zu verhalten, wie es ihr Herrchen oder Frauchen will, machen sie nur das, was sie selbst wollen. Tiere sind so, wie sie sind, sie können andere Tiere jagen, sie töten und fressen, wenn sie Hunger haben, aber sie können selbst keine Vorstellung davon herausbilden, was sie tun müssten, um ein anderes Lebewesen dazu zu bringen, sich so zu verhalten, wie sie es gern hätten. Instinktiv kann eine Entenmutter herumflattern, als hätte sie sich einen Flügel gebrochen, wenn ihre Jungen von einem Räuber bedroht sind. Aber darüber nachdenken und sich bewusst dafür entscheiden, etwas zu tun, was einen Fuchs dazu verleitet, hinter ihr herzujagen, statt ihre Jungen zu fressen, das kann sie nicht. So etwas bringen nur wir Menschen zustande.

Mit unserem enorm lernfähigen Gehirn können wir eben auch lernen, andere Lebewesen, auch andere Menschen, sogar unsere eigenen Kinder dazu zu bringen, das zu machen und so zu werden, wie wir es uns vorstellen, wünschen oder für erforderlich halten. In uns angelegt ist nur die Möglichkeit, auch das zu erlernen. Wenn das manche Personen dann auch wirklich tun, dabei auch noch sehr erfolgreich sind und zu wahren Künstlern der Instrumentalisierung anderer Menschen zur Verfolgung ihrer eigenen Ziele und Absichten werden, so ist das eine sehr bemerkenswerte Leistung. Die diese Fähigkeit steuernden neuronalen Verschaltungsmuster konnten nur deshalb so fest in den Gehirnen der betreffenden Personen verankert werden, weil sie sich in ihren Augen als eine besonders geeignete Lösung zur Bewältigung ihrer Ängste erwiesen haben.

Was solchen Menschen entweder schon während ihrer Kindheit oder später im Leben Angst gemacht hat, war die schmerzvolle Erfahrung, von ihnen nahestehenden Personen aus ihrem familiären Umkreis, später auch noch von Lehrern und Ausbildern, Vorgesetzten, vielleicht sogar Lebenspartnern nicht in ihrer Einzigartigkeit als Person, als Subjekt gesehen, angenommen, wertgeschätzt und unterstützt worden zu sein. Stattdessen wurden sie von diesen anderen zum Objekt von deren Absichten und Zielen, Belehrungen und Bewertungen, Maßnahmen und Anordnungen gemacht. Das löst Angst aus und tut weh. Es ist eine schwere Verletzung der Würde eines jeden Menschen, wenn er nicht als Subjekt gesehen und angenommen, sondern wie ein Objekt behandelt wird. Im Gehirn kommt es dann zur Aktivierung der gleichen Netzwerke, die auch durch körperliche Schmerzen aktiviert werden.

Wir Menschen sind zutiefst soziale Wesen und wir können die in uns angelegten Potentiale nur in einer Sicherheit bietenden Gemeinschaft mit anderen Menschen zur Entfaltung bringen. Nichts macht uns mehr Angst, als allein gelassen und aus der Gemeinschaft mit anderen ausgeschlossen zu werden. Genau das geschieht aber, wenn wir erleben müssen, dass es diesen anderen nicht reicht, dass wir so sind, wie wir sind, dass wir – um ihre Wertschätzung und Anerkennung zu finden und dazugehören zu dürfen – so sein oder werden sollen, wie sie es von uns erwarten. Deshalb sucht jeder, der das erleben muss, nach einer Lösung. Die kann Anpassung heißen und bedeuten, dass man sich anstrengt, die Erwartungen dieser anderen zu erfüllen. Damit macht man sich selbst zum Objekt und übernimmt die einem zugewiesene Rolle. Wer das schafft, hat eine kohärenzstiftende Lösung gefunden. Oder man lernt, wie man diese anderen zum Objekt seiner eigenen Absichten und Ziele, Belehrungen und Bewertungen und womöglich sogar seiner Maßnahmen und Anordnungen machen kann. Auch das ist eine Lösung und je besser sie funktioniert, desto fester wird sie in Form der dafür verantwortlichen neuronalen Verschaltungen im Gehirn verankert.

Es ist eine naheliegende Vermutung, dass es all jenen Menschen, die sich mit der schmerzhaften Erfahrung abgefunden haben, die Erwartungen anderer erfüllen zu müssen, besonders schwerfällt, anderen zu vertrauen. Die meisten konnten dieses Problem für sich lösen, indem sie die Vorstellungen dieser Angstmacher übernommen und sich selbst zu eigen gemacht haben. Leichter ist es ihnen gefallen, wenn sie andere Personen fanden, die ähnliche Erfahrungen gemacht und ähnliche Überzeugungen herausgebildet hatten wie sie selbst. Es lag für sie also nahe, sich vor allem solchen Personen und den von ihnen gebildeten Gemeinschaften anzuschließen. Die Mitglieder derartiger Gemeinschaften von lauter Gleichgesinnten passen dann ja auch alle recht gut zusammen. Mit vereinter

Kraft können sie bisweilen sogar bemerkenswerte Leistungen vollbringen. Auf ihre Gehirne hat das eine kohärenzstiftende Wirkung. Deshalb haben die Mitglieder solcher Gemeinschaften auch weniger Angst.

Allerdings nur solange, wie sie auch ganz sicher sein können, dass alle anderen Mitglieder ihrer jeweiligen Gemeinschaft ihre Überzeugungen teilen. Deshalb müssen sie sich ständig vergewissern, ob das auch immer noch der Fall ist. Hinter dem, was solche Gemeinschaften Gleichgesinnter also letztlich zusammenhält und was von außen betrachtet wie Vertrauen wirkt, verbirgt sich ein ständig präsentes, untergründig wirksames Misstrauen. Offen zutage tritt das allerdings erst dann, wenn etwas geschieht, das die bisherige gemeinsame Überzeugung langsam untergräbt oder plötzlich erschüttert. Wie eine ansteckende Infektionskrankheit breitet sich dann die Angst in solchen Gemeinschaften aus.

Anderen Menschen zu vertrauen, lässt sich vermuten, sollte all jenen Personen besonders schwerfallen, die andere zur Durchsetzung ihrer eigenen Interessen benutzen, die mit Angst machenden Erwartungen und Drohungen, Bewertungen und sonstigen Einschüchterungsverfahren versuchen, diese anderen dazu bringen, etwas zu tun, was diesen Angstmachern hilft, ihre jeweiligen Absichten und Ziele zu erreichen. Wie sollten sie ausgerechnet denen vertrauen können, die sie zur Erreichung ihrer Absichten und Ziele wie Objekte behandeln und ausnutzen? Es mag sonderbar klingen, aber zumindest die besonders erfolgreichen Angstmacher sind fest davon überzeugt, dass ihre Opfer bereit sind, sie im Fall einer Bedrohung zu schützen. Das ist Teil ihres Kalküls und bestimmt ihr perfides Vorgehen. Relativ leicht zu durchschauen ist diese Strategie bei den Herstellern und Dealern von psychoaktiven Drogen. Sie ködern ihre Opfer zunächst mit sogenannten Einstiegsdrogen. Wenn die in ihrer Wirkung nach einiger Zeit nachlassen, bieten sie ihren Kunden härtere Drogen als Lösung an, bis diese völlig von diesen Substanzen abhängig geworden sind. Um auch weiterhin mit ihrem Stoff beliefert zu werden, sind diese abhängig Gewordenen dann bereit, alles zu tun, auch ihren Dealer zu beschützen, falls er in Gefahr gerät.

Aber es gibt ja nicht nur Drogensüchtige, die von etwas abhängig geworden sind, das ihnen bisher zur Verfügung gestellt wurde und ihnen geholfen hatte, all das, was ihnen Angst machte, zu unterdrücken, zu verdrängen oder auf andere Art loszuwerden. Auch deren Ängste werden sofort wieder wach, wenn das betreffende Mittel, das dafür geeignete Gerät oder die dazu bisher genutzte Dienstleistung nicht mehr zur Verfügung steht. Oder noch deutlicher: Wenn ihnen derjenige, der ihnen die zur Beschwichtigung ihrer Ängste – die er vorher selbst erzeugt und geschürt hatte – seine bisher angebotenen Lösungen nun vorenthält. Wenn er also einfach den Hahn abdreht, aus dem all das geflossen ist, was die Adressaten und Opfer seiner Angst machenden Botschaften und Warnungen bisher – ebenso ausgiebig wie arglos zur Beschwichtigung ihrer Ängste – so erfolgreich eingesetzt haben. Dieses Vorgehen erleben diese dann als Bedrohung, bekommen Angst und sind bereit, vielleicht nicht alles, aber doch sehr viel dafür zu tun, dass der betreffende »Hahn« wieder funktioniert. Auch sie sind dann bereit, diejenigen zu schützen, die sie durch das Schüren von Angst in ihre missliche Lage gebracht hatten.

Deshalb schützen bisweilen nicht nur Opfer ihre Täter, sondern auch Kinder ihre Eltern, von denen sie abhängig sind, auch manche Schüler ihre Lehrerinnen oder Untergebene ihre Vorgesetzten. Diejenigen, die davon überzeugt sind, dass sie endlich ein Mittel gegen vorzeitige Alterungsprozesse, zur Verhinderung von Erkrankungen oder zum Schutz vor Haarausfall gefunden haben, werden dem Hersteller dieser Mittel zu helfen versuchen, wenn ihm die Pleite droht. Zum Beispiel, indem sie für dieses Produkt einen höheren Preis zu zahlen bereit sind. Wer nicht mehr selbst kochen kann, bekommt Angst, wenn alle

Restaurants schließen. Wer sich daran gewöhnt hat, ständig unterhalten und bespaßt zu werden, bekommt Angst, wenn diese Dauerberieselung ausfällt. Wer ständig die Hilfe von Beraterinnen, Coaches oder Seelsorgern in Anspruch genommen hat, bekommt Angst, wenn sie ihm nicht mehr zur Verfügung stehen. Wer noch nie einen Nagel in die Wand geschlagen, sondern dafür immer einen Handwerker geholt hat, bekommt Panik, wenn der Abfluss verstopft ist und keiner kommt, der ihn wieder frei macht.

Es ist völlig normal und auch normalerweise kein Problem, dass der alltägliche Lebensvollzug, der individuelle Lebensstil, auch die jeweiligen Vorstellungen und Erwartungen von Menschen davon abhängig sind, dass die dazu erforderlichen Voraussetzungen von anderen geschaffen und die dafür nötigen Mittel, Geräte oder Dienstleistungen von anderen bereitgestellt werden. Das ist in allen arbeitsteiligen Gesellschaften unvermeidbar. Zu einem Problem wird diese wechselseitige Abhängigkeit und der Austausch von Waren und Dienstleistungen erst dann, wenn es in einer solchen Gesellschaft Personen gibt, die absichtlich Angst schüren, um möglichst viele Abnehmer für die von ihnen zur Beschwichtigung eben dieser Angst angebotenen oder bereitgestellten Mittel, Geräte und Dienstleistungen zu gewinnen. Wer nicht schon als Kind oder Jugendlicher und auch später im Leben gelernt hat, welchen Menschen er vertrauen kann und bei welchen Personen es besser ist, ihnen mit Misstrauen zu begegnen, läuft später im Leben ständig Gefahr, von solchen Profiteuren der Angst über den Tisch gezogen oder vor den Karren gespannt zu werden. Heranwachsenden dabei zu helfen, rechtzeitig zu erkennen, wem sie vertrauen können und wem nicht, ist deshalb das wichtigste und wertvollste Geschenk, das wir ihnen für ein selbstbestimmtes und selbstverantwortetes Leben mit auf den Weg geben können.

Im Grunde genommen gibt es für alle Kinder, Jugendlichen und Erwachsenen nur eine einzige Möglichkeit, um herauszufinden, ob eine andere Person ihres Vertrauens würdig ist. Allerdings reicht es dafür nicht aus, so sorgfältig und so kompetent wie möglich zu überprüfen, ob das, was diese andere Person sagt, wovor sie warnt und auf welche Gefahren sie hinweist, auch wirklich zutreffend ist. Ob dem kleinen Mariechen später die Zähne herausfallen, wenn es sie nicht immer ordentlich putzt, oder ob eine Infektionskrankheit so und so viele Menschenleben kosten wird, lässt sich erst dann sicher beurteilen, wenn die betreffende Prophezeiung auch tatsächlich eingetreten ist. Ohne Frage sollten wir Heranwachsende so gut wie möglich lehren, wie sie derartige Warnungen hinsichtlich der Wahrscheinlichkeit ihres Eintretens überprüfen können. Und selbstverständlich werden sie das nicht können, wenn sie von Tuten und Blasen keine Ahnung haben.

Aber das, was in Zukunft wirklich geschehen wird, lässt sich auch dann nicht sicher vorhersagen, wenn alle verfügbaren Informationen, alle Verlaufskurven mit größter Sorgfalt geprüft worden sind. Sich mit der Unvorhersagbarkeit zukünftiger Ereignisse abzufinden, ist nicht ganz leicht, aber sehr hilfreich, um sich von der Vorstellung zu verabschieden, die Warnungen von irgendwelchen Angstmachern seien durch Fakten und Zahlen widerlegbar. Wer Heranwachsenden oder auch Erwachsenen das einzureden versucht, lockt sie, ohne sich dessen bewusst zu sein, auf eine falsche Fährte. Auch durch die intensivste und kompetenteste Prüfung dessen, wovor jemand andere Menschen warnt, lässt sich nicht herausfinden, ob man dieser Person – und damit dem, was sie sagt, und wovor sie warnt – vertrauen kann.

Es geht also gar nicht so sehr darum, was jemand prophezeit und mit welchen Argumenten er seine Warnungen begründet. Das lässt sich zwar prüfen, aber letztlich nicht widerlegen oder mit anderen Argumenten aus dem Weg räumen. Es bleibt eine mehr oder weniger gut begründbare Behauptung. Was sich aber sehr leicht herausfinden und klären lässt, sind die Absichten, die jemand verfolgt, der mit seinen Vorhersagen und Warnungen Angst bei anderen Menschen auslöst. Um das herauszufinden, muss auch niemand jahrelang studiert haben.

Das können sogar schon Kinder, denen gezeigt worden ist, wie es geht. Denn dazu muss dem vor etwas Warnenden nur eine einzige Frage gestellt werden: »Warum machst du/sagt du das?« Wahrscheinlich lautet die Antwort dann: »Weil ich es gut mit dir meine« oder »weil ich dich lieb habe« oder »weil ich dich beschützen möchte«. Wer sich damit zufrieden gibt, sitzt bereits in der Falle. Nur wer jetzt weiter fragt, zwingt sein Gegenüber, sich zu offenbaren. Also: »Warum hast du mich lieb?« »Weshalb sorgst du dich um mich?«

Das aber kann jemand dem Fragenden nur erklären, wenn sie oder er es für sich selbst auch wirklich so empfindet. Die Antwort lässt sich auch gar nicht so recht in Worte fassen. Wer das nicht wirklich in sich selbst spürt, kann es auch nicht in seiner Mimik und Gestik zum Ausdruck bringen. Das bemerkt dann auch schon ein kleines Kind. Und das hat es ja auch schon vorher in all dem gespürt, wie ihm diese Person bisher begegnet ist. Deshalb sind Kinder in ihrer Einschätzung, ob sie jemandem vertrauen können oder nicht, oft klarer und eindeutiger als die meisten Erwachsenen. Diese besonders wichtige Fähigkeit können wir durch die Art und Weise, wie wir Kindern begegnen und sie auf ihrem Weg ins Leben begleiten, weiter stärken, aber leider auch sehr leicht untergraben.

Die Stärkung des Vertrauens, in der Welt beheimatet, dort eingebunden und beschützt zu sein

Hinter allem, was Menschen tun, verbirgt sich ein Motiv. Das kann dem Einzelnen bewusst sein oder auch nicht und diejenigen, die ganz bewusst eine bestimmte Absicht verfolgen, können sich entscheiden, ob sie dieses Motiv anderen preisgeben oder es lieber vor ihnen verbergen wollen. Die Frage, weshalb sie andere Menschen vor einer Gefahr warnen oder sie vor einer Bedrohung schützen wollen, wird von vielen als sehr unangenehm empfunden. Diejenigen, denen gar nicht bewusst ist, dass sie damit ihr Gegenüber verängstigen, zwingt diese Frage, sich nun selbst damit auseinanderzusetzen, was sie dazu gebracht hat, diese Warnung auszusprechen. Und diejenigen, denen ihr Motiv durchaus bewusst ist, die es aber lieber vor anderen verbergen würden, bringt diese Frage in eine sehr missliche Situation. Entweder sie offenbaren ihr Motiv oder sie versuchen, ihr Gegenüber zu belügen.

Machen wir es konkret und stellen wir uns eine Mutter vor, die ihrem Sohn immer wieder erklärt, dass er in der Schule besser aufpassen und sich stärker anstrengen soll, weil er sonst keinen guten Abschluss schaffen und nicht studieren kann. Was wird sie ihm sagen, wenn er sie dann fragt, weshalb sie ihm mit dieser Prophezeiung Angst zu machen versucht? »Weil ich dich liebe, es gut mit dir meine und verhindern möchte, dass du im Leben scheiterst.« Er könnte ihr dann sagen, dass er aber nicht lernen kann, wenn er Angst vor dem Versagen hat, und sie fragen, warum sie diese Angst mit ihren Warnungen noch weiter schürt. Sie wird dann eingestehen müssen, dass es in Wirklichkeit ihre eigene Angst ist, die sie quält und die sie zu beschwichtigen versucht, indem sie ihn vor den Folgen seiner Faulheit warnt. »Und warum fällt dir keine andere Möglichkeit ein, um meine Freude am Lernen wieder zu wecken und zu stärken?«, wäre dann die letzte und entscheidende Frage. Die kann diese Mutter dann nur beantworten, indem sie offen bekennt, worauf es ihrer Meinung nach im Leben – und deshalb auch für das Leben ihres Sohnes – ankommt: nicht zu versagen, erfolgreich zu sein, sich anzustrengen, um die Erwartungen anderer zu erfüllen.

Es ist also nicht die Schulkarriere ihres Sohnes, die sie mit ihren Warnungen zu retten versucht. Es ist ihre eigene Überzeugung, ihr eigenes Bild, das sie sich – aufgrund ihrer bisherigen Erfahrungen – vom Leben und davon, worauf es im Leben ankommt, gemacht hat. Die kann sie nicht einfach loslassen. Dann wäre ja fast alles umsonst gewesen, wofür sie bisher gelebt und sich angestrengt hatte. Um dieses ihr so überaus wichtige innere Bild (»Wenn ich die Erwartungen anderer nicht erfülle, werde ich keine Anerkennung im Leben finden und nicht glücklich werden«) aufrechterhalten zu können, ist sie sogar bereit, ihrem eigenen Sohn Angst einzujagen.

So tief geht das und so unangenehm wird das für all jene Personen, die andere vor einer Gefahr warnen. Deshalb wäre es günstig, wenn wir endlich damit aufhören, den zweiten Schritt vor dem ersten zu machen. Später können wir noch ausgiebig mit der Warnerin darüber debattieren, wie verlässlich und begründet ihre Warnung ist. Aber vorher müssen wir herausfinden, weshalb sie uns zu warnen versucht. Der Hinweis auf die objektiven Gegebenheiten und die Ergebnisse sorgfältiger Analysen und Wahrscheinlichkeitsberechnungen und endlose Debatten über deren Gültigkeit lenkt nur von dieser Frage nach dem Motiv des Warnenden ab. Ja, das mag schon alles so beobachtet und berechnet worden sein. Aber danach hatten wir nicht gefragt. Wir wollten wissen, weshalb diese Person uns zu warnen versucht. Uns interessiert zunächst nicht das, was sie prognostiziert, zunächst geht es darum herauszufinden, was sie mit ihrer Warnung erreichen will. Deshalb dürfen wir nicht zulassen, dass sich die betreffende Person noch länger hinter ihren objektiven Zahlen und Fakten versteckt. Sie soll hervorkommen und sich zeigen. Und was wir dann zu hören, zu sehen und zu spüren bekommen, ist immer das Gleiche, nämlich das, was dieser Warner aufgrund der von ihm bisher gemachten Erfahrungen für das hält, worauf es im Leben ankommt. Es ist sein oder ihr persönliches Selbst-, Menschen- und Weltbild. Und das bestimmt ihr Denken und Fühlen und eben auch ihr Reden und Handeln.

Noch ein kleines Beispiel zur Verdeutlichung? Stellen Sie sich vor, ein erfolgreicher Wissenschaftler, Experte für Infektionskrankheiten, hätte festgestellt, dass ein bisher unbekannter Keim sich unter der Bevölkerung auszubreiten beginnt und dass unter den Infizierten auch schon eine ganze Reihe von Todesfällen aufgetreten sind. Es gibt weder ein wirksames Medikament noch einen Impfstoff dagegen. Selbstverständlich wird dieser Experte mit allen ihm zur Verfügung stehenden Mitteln versuchen, die Bevölkerung zu warnen. Und zwangsläufig würde sich daraufhin unter den Menschen Angst ausbreiten und sie veranlassen, die von diesem Experten zur Abwendung dieser Gefahr vorgeschlagenen Maßnahmen zu befolgen. Sie halten sich dann auch ganz freiwillig an alles, was zur Umsetzung dieser Maßnahmen von den dafür Verantwortlichen verfügt worden ist. Die Bürger und Bürgerinnen bleiben zu Hause, halten Abstand, tragen Mundschutz und besuchen noch nicht einmal mehr ihre gebrechlichen Eltern im Altersheim. Das ist alles in Ordnung, das geht jetzt nicht anders, denken sie – jedenfalls so lange, wie sie diesem Wissenschaftler voll und ganz vertrauen. Solange sie wirklich sicher sind, dass es ihm nur um das Wohl, die Gesundheit und das Leben anderer Menschen geht.

Nun stellen Sie sich vor, Sie hätten Gelegenheit, diesen Experten zu treffen. Und nur um auszuprobieren, wie er darauf reagiert, fragen sie ihn nach dem Motiv, das ihn dazu gebracht hat, seine Warnungen auszusprechen und zu verbreiten. »Weshalb sind Sie damit an die Öffentlichkeit gegangen, haben politische Entscheider beraten und Ihre Sicht der Dinge in den Medien dargestellt?« Er wird Ihnen antworten, dass er das als seine Pflicht als Arzt und Wissenschaftler empfunden habe. Schließlich habe er ja diesen Beruf ergriffen, um Gesundheitsbedrohungen von Menschen abzuwenden.

Bleiben Sie dran und fragen Sie weiter: »Aber Sie wissen doch, dass es für Menschen kaum etwas Unerträglicheres gibt, als im Würgegriff der Angst gefangen zu sein, dass ihr körpereigenes

Abwehrsystem dann unterdrückt wird und sie auch nicht mehr klar denken und umsichtige Entscheidungen treffen können.«
Er könnte Ihnen antworten: »Nein, das habe ich nicht gewusst.« Aber dann wäre er kein Arzt, dem Sie vertrauen könnten, sondern nur ein Experte für Infektionskrankheiten. Deshalb wird er eingestehen, die negativen Auswirkungen durchaus gekannt zu haben, als er seine Warnungen zu verbreiten begann. Jetzt brauchen Sie nur noch zu fragen, weshalb ihm die sich in der Bevölkerung ausbreitende Angst weniger wichtig war als der sich unter den Menschen ausbreitende Krankheitserreger. Seine Antwort wird lauten: »Weil ich ein Infektiologe, aber kein Immunologe oder Psychologe bin.« Er hat nicht als Mensch, als Subjekt gehandelt, sondern sehr überzeugt und sehr kompetent diese Rolle übernommen. Die Aufrechterhaltung dieses Selbstbilds, ein Experte für Infektionskrankheiten zu sein, hat sein Handeln geleitet. Deshalb war er gar nicht auf die Idee gekommen, andere, möglicherweise ebenso wichtige Aspekte einer sich ausbreitenden Epidemie und der zu ihrer Eindämmung ergriffenen Maßnahmen in seine Überlegungen einzubeziehen.

Es gibt immer wieder Menschen, denen die Aufrechterhaltung und die perfekte Ausfüllung der Rolle, die sie in der Gesellschaft übernommen haben, wichtiger geworden sind als alles andere. Wichtiger als ihre Lebenspartner, ihre Kinder, ihre Freunde, ja sogar wichtiger als ihr eigenes Leben. Um diese für sie so bedeutsame Rolle so erfolgreich wie möglich ausfüllen zu können, sind sie bereit, alles zu tun. Manche bringen sich sogar um, wenn ihnen diese von ihnen ausgefüllte Rolle entgleitet oder von anderen übernommen wird. Wen kann es dann noch verwundern, dass sie so viel Anstrengung, Kraft und Zeit aufbringen, um das Ansehen, die Wertschätzung und die Bedeutung der jeweiligen von ihnen übernommenen Aufgaben und der damit verbundenen eigenen Rolle zu stärken? Sie haben kein Vertrauen, dass sie noch länger in der Welt gehalten sind, wenn sie keine Rolle mehr spielen. Diese Lebenseinstellung geben sie dann auch an all jene weiter, von denen sie als erfolgreiches und deshalb Orientierung bietendes Vorbild betrachtet werden. Dazu zählen dann meist auch ihre Kinder.

Was müsste geschehen, damit künftig immer mehr Menschen die Erfahrung machen und das feste Vertrauen herausbilden können, in der Welt zu Hause und dort vor allen Bedrohungen beschützt zu sein? Es ist leicht dahergesagt, dass sie einfach nur lernen müssten, der Welt oder der Natur zu vertrauen, anstatt beide immer wieder so verändern zu wollen, wie sie ihrer Meinung nach sein müssten, damit sie keine Angst mehr zu haben brauchen. Dieses ständige Bemühen, die Welt zu verbessern, hat ja so ziemlich alles hervorgebracht, was Menschen bisher geschaffen haben: Wissenschaft, Technik, Architektur, Kunst. Auch unsere Bauwerke, Maschinen, das Internet und Weltraumflüge. Auch die zahlreichen Ideen, Theorien und Ideologien all der vielen Weltverbesserer.

Wer ständig damit beschäftigt ist, den Raum, den er bewohnt, immer wieder neu umzugestalten, um ihn für sich selbst noch gemütlicher, noch effektiver nutzbar und noch sicherer zu machen, wird sich dort nie zu Hause fühlen können. Und wenn sehr viele Menschen über Generationen hinweg mit dieser fortdauernden Umgestaltung beschäftigt sind, kann dieser Raum, also die Welt, in der sie leben, nur zu einer chaotischen Dauerbaustelle werden, auf der irgendwann gar nichts mehr geht. So wie damals beim Turmbau zu Babel. In dem damaligen Multikulti-Vielvölkerstaat mit seiner Hauptstadt Babylon folgten einige kluge Leute einer bemerkenswerten Eingebung: Da es den Menschen schon vorher und erst recht dort offenbar nicht gelungen war, ihr Zusammenleben so zu gestalten, wie es erforderlich wäre, um endlich und für alle Zeit ohne Angst leben zu können, verbreiteten sie eine äußerst wirksame, die Angst sehr vieler Menschen beschwichtigende Vorstellung: Mitten in das seit Menschengedenken herrschende Chaos hinein stellten sie in Gedanken ein übermenschliches Wesen oder eine nicht beschreibbare Kraft, die einfach sagte: »Es werde Licht.« Und siehe, das dunkle, Angst machende Chaos – der Zustand größtmöglicher Inkohärenz – begann sich so zu ordnen, so dass alles immer besser zusammenpasste – kohärenter wurde.

In anderen Weltgegenden fanden die Menschen andere Worte für diesen Schöpfungsprozess. Aber in allen theistischen Religionen verbreitete sich die feste Überzeugung, es gebe eine Kraft oder Instanz, Gott genannt, die schützend die Hand über alles menschliche Leben und alle menschlichen Bemühungen hält. Wäre sie nicht so gut geeignet gewesen, die Angst der Menschen zu beschwichtigen, wäre diese Vorstellung auch nicht über Jahrtausende überall auf der Welt von Generation zu Generation bis heute weitergegeben worden.

Wie wir inzwischen nur allzu gut wissen, gab es in diesem langen Zeitraum auch immer wieder Personen und Mitglieder von Organisationen und Einrichtungen, die solchermaßen »gläubige« Menschen für ihre eigenen Absichten und Ziele zu benutzen trachteten, indem sie denen Angst vor den Folgen eines von ihnen definierten »nicht gottgefälligen« Lebens einjagten. Der Umstand, dass sich dieser Missbrauch bis heute nicht verhindern ließ, hat das Vertrauen vieler Menschen in diese religiösen Einrichtungen und Organisationen allmählich immer stärker untergraben. Die Welt selbst so herzurichten, wie sie sein sollte, um keine Angst mehr haben zu müssen, hat schon in Babylon nicht geklappt. Sich darauf zu verlassen, dass ein liebender Gott seine Hand schützend über den Menschen hält, hat zwar funktioniert, aber dieses Sinnbild ist als Drohung vor der Strafe Gottes allzu oft ausgerechnet von denen missbraucht worden, die sich als Gottes Stellvertreter und Verkünder der göttlichen Botschaft auf Erden bezeichneten.

Auch sie müssten wir also fragen, warum sie uns bis heute vor dem Entzug der Liebe Gottes und damit vor dem Zurückziehen seiner schützenden Hand warnen. »Weshalb, lieber Pfarrer und Priester, lieber geistiger Vater, lieber Rabbi, lieber Imam machst du deinen Gläubigen Angst davor, Gottes Schutz zu verlieren, wenn sie nicht den von dir verkündeten Regeln und Vorschriften folgen? Weil dir das Wohl und Seelenheil der Gläubigen am Herzen liegt? Aber es tut ihnen doch nicht gut und es stärkt auch nicht ihre Seelen, wenn du sie mit deinen Drohungen vor Höllenqualen und ewiger Verdammnis in Angst und Schrecken versetzt. Weshalb also tust du das?« Danach müsste jeder religiöse Anführer gefragt werden.

Wenn er ehrlich ist, wird er eingestehen, dass er nicht weiß, wie er seine Gläubigen bei der Stange, also in der Kirche oder der Moschee oder im Tempel, halten kann, ohne ihnen Angst zu machen. Und das geht nun schon seit vielen Jahrhunderten so, von Generation zu Generation wird diese Angst weiter geschürt. Nicht nur im Christentum, in allen Religionen, überall auf der Welt. Es wird Zeit, dass wir unsere Kinder lehren, die richtigen Fragen zu stellen, um selbst herauszufinden, wem und worauf sie wirklich vertrauen können.

8 Weshalb ist die Angst unser wichtigster Wegweiser in die Freiheit?

Solange Menschen um ihr nacktes Überleben kämpfen müssen, können sie sich nicht frei entscheiden, wie sie leben wollen. Wer vom Hungertod bedroht ist, muss etwas Essbares herbeischaffen. Wer sich in einem brennenden Haus befindet, muss versuchen, möglichst schnell herauszukommen. Wer von einer Überschwemmung erfasst wird, muss versuchen, wieder festen Boden unter die Füße zu bekommen, und wer von Verbrechern überfallen wird, muss seine Haut retten. Jeder macht das ja dann auch, so gut er es vermag, ohne lange nachzudenken. Um angesichts der unmittelbaren Gefahr für Leib und Leben auch noch Angst zu empfinden, bleibt den betreffenden Personen in solchen Situationen gar keine Zeit. Sie müssen handeln, und zwar sofort. Sonst ist ihr Leben zu Ende.

Angst ist ein subjektives Empfinden

Angst ist ein Gefühl, das immer dann entsteht, wenn sich im Hirn ein inkohärenter Zustand so stark auszubreiten beginnt, dass davon auch ältere und tiefer im Hirn liegende, für die Regulation körperlicher Funktionen zuständige Bereiche miterfasst werden. Das ist kein einfacher Stimulus-Response-Automatismus wie ein Reflex, sondern ein Prozess und der braucht Zeit. Er beginnt mit einer leichten Irritation (weil etwas wahrgenommen wird, das nicht zu den Erwartungen passt). Die geht dann über in ein Gefühl der Verunsicherung (weil die betreffende Person nicht so recht weiß, was sie jetzt tun, wie sie sich verhalten soll). Daraus erwächst das Empfinden von Hilflosigkeit und Ohnmacht (weil der betreffenden Person nun immer deutlicher wird, dass sie diese bedrohliche Situation nicht abwenden kann).

Manche Menschen spüren bereits angesichts dieser Irritation, wie die Angst ihr Denken, Fühlen und Handeln zu bestimmen beginnt. Manche brauchen das Gefühl der Verunsicherung, um Angst zu empfinden, und einige, besonders Hartgesottene, bekommen erst Angst, wenn sie bemerken, dass überhaupt nichts mehr geht. Je besser die drei Vertrauensressourcen (das Vertrauen in die eigenen Kompetenzen, das Vertrauen, es gemeinsam mit anderen zu schaffen, und das Vertrauen, »dass es wieder gut wird«) ausgeprägt sind, desto leichter kann der inkohärente Zustand im Gehirn wieder in einen kohärenteren Zustand überführt werden. Dann passt alles schneller wieder zusammen. Die Gefühle von Irritation, Verunsicherung oder Hilflosigkeit und die damit einhergehende Angst sind dann nicht so leicht auslösbar.

Nicht immer gelingt es einem Menschen, sich selbst so gut zu beobachten und es sich bewusst zu machen, ob er nur irritiert, bereits verunsichert oder schon völlig hilflos ist. Die Übergänge sind fließend, oft handelt es sich auch um nur schwer zu beschreibende Empfindungen. Meist sind diese Empfindungen auch schon von Versuchen zur Wiederherstellung der verloren gegangenen Kohärenz begleitet und werden davon überlagert. Deshalb ist das Gefühl der Angst immer und grundsätzlich Ausdruck eines inneren, subjektiven Geschehens. Objektiv messbar sind nur die mit dieser subjektiv empfundenen Angst einhergehenden körperlichen Reaktionen und Verhaltensweisen. Die Angst wird in Form dieser automatisch ablaufenden Reaktionen erlebt, eine Person kann dieses Erleben beschreiben, aber nicht durch kognitive Überlegungen steuern. Dieser Prozess läuft in ihr ab und lässt sich willentlich nicht beeinflussen. Die Fokussierung der Aufmerksamkeit auf dieses körperliche Angsterleben verstärkt nur noch die Wahrnehmung der dabei ablaufenden Körperreaktionen – und erzeugt bei manchen eine zusätzliche Angst vor dem, was nun auch noch im eigenen Körper geschieht.

Ohne Angst könnten wir nicht lernen, wie das Leben geht

Bewusst erlebt wird aber das befreiende Gefühl, das sich immer dann einstellt, wenn es gelungen ist, den als Angst empfundenen inkohärenten Zustand im Gehirn durch eine eigene Lösung oder eine glückliche Fügung wieder in einen etwas kohärenteren Zustand zu verwandeln. Dann bekommt man »wieder den Kopf frei«. Erst dann, wenn sich das bis dahin im Frontalhirn als allgemeines »Arousal« entstandene Durcheinander wieder beruhigt hat, ist es einer Person möglich, sich bewusst zu vergegenwärtigen und darüber nachzudenken, was tatsächlich vorgefallen ist. Erst jetzt, wenn es in ihrem Gehirn wieder etwas kohärenter zugeht, ist sie auch in der Lage, die Ursache oder zumindest den Auslöser ihrer Angst zu erkennen. Erst dann kann sie begreifen und sich bewusst machen, was ihr geholfen hat und wie es ihr gelungen ist, die drohende Gefahr doch noch abzuwenden und die damit einhergehende Angst zu beruhigen. Es ist also nicht der Zustand der Angst, in dem dieser Erkenntnisprozess abläuft und diese Lernerfahrung gemacht wird. Es ist der Umstand, dass diese Angst überwunden und eine geeignete Lösung gefunden werden konnte.

All das, was eine Person erfolgreich eingesetzt und unternommen hat, um einen inkohärent gewordenen Zustand wieder in einen kohärenteren zu verwandeln, wird nun in Form der dabei aktivierten neuronalen Verschaltungen fest in ihrem Gehirn verankert. Nicht die Angst, sondern das Erleben, eine bedrohliche Situation gemeistert zu haben, führt zur Aktivierung des sogenannten Belohnungszentrums und damit zur Freisetzung von Botenstoffen und Wachstumshormonen, die das Auswachsen neuer Nervenzellfortsätze und das Knüpfen neuer Nervenzellkontakte stimulieren. Aber ohne diese vorausgegangene Angst könnten wir nicht lernen, wie sie sich überwinden lässt, auch wie sich künftig ähnlich bedrohliche Situationen vermeiden oder rechtzeitig abwenden lassen. Das ist der Grund, weshalb wir ohne Angst – so unangenehm sie auch sein mag – nicht leben können.

Aber in einem andauernd inkohärenten, von ständiger Angst begleiteten Zustand können wir auch nicht leben. Er verbraucht zu viel Energie und wenn die nicht mehr ausreicht, um die innere Struktur und Organisation unseres Gehirns und damit unseres Körpers aufrechtzuerhalten, wird unser gesamter Organismus zunehmend instabiler – bis er zerfällt und sich die in seinen materiellen Strukturen enthaltene Energie wieder gleichmäßig im Universum verteilt. Das ist das Paradoxon oder das Dilemma, das unser Leben bestimmt: Wir können nicht leben, solange wir Angst haben, aber wir können auch nicht leben, ohne immer wieder Angst zu haben. Solange wir im Würgegriff der Angst gefangen sind, ist es nicht möglich, freie Entscheidungen zu treffen. Und wenn wir in der Lage wären, uns dauerhaft von der Angst zu befreien, gäbe es nichts mehr zu entscheiden. Mit unseren einmal gefundenen und im Hirn gebahnten Lösungen würden wir – ohne auch nur zu bemerken, dass wir auf einem Irrweg gelandet sind – angstfrei und klaglos unserem eigenen Untergang entgegenstreben.

Hätten Menschen nicht immer wieder Angst bekommen, wenn sie sich zu weit von dem entfernt hatten, was sie für ein gelingendes Leben brauchen, wäre unsere Spezies schon längst ausgestorben. Die Angst wirkt wie eine straff gespannte Richtschnur, die uns nicht nur als Einzelne, sondern auch in der Gemeinschaft mit anderen herauszufinden hilft, wie und in welche Richtung es im Leben weitergeht. Ihre einfache Botschaft lautet: Gestalte dein Leben und dein Zusammenleben mit anderen so, dass alles möglichst gut zusammenpasst, möglichst kohärent ist und deshalb nur sehr wenig Energie verbraucht.

Die Angst als Entwicklungshelfer für den Einzelnen

Es ist eine recht weit verbreitete Vorstellung, wir würden zum ersten Mal in unserem Leben Angst empfinden, wenn wir auf die Welt kommen. Ob sie zutrifft, wissen wir nicht. Wir können ein Neugeborenes nicht danach fragen. Aber wir können es beobachten und uns fragen, ob es im Verlauf dieses Geburtsprozesses eine tiefgreifende Inkohärenz in seinem Gehirn erlebt, die es nicht durch eine geeignete eigene Reaktion wieder kohärenter machen kann. Die Inkohärenz scheinen Kinder bei ihrer Geburt durchaus zu spüren, deshalb weinen ja die meisten, wenn sie auf die Welt kommen. Aber dieses Weinen ist bereits die in ihrem Gehirn angelegte und jetzt nur noch aktivierte Lösung. Und normalerweise wird das Neugeborene nun auch von der Mutter in den Arm genommen. Dann hört es auf zu weinen und beruhigt sich wieder. Falls dann später wieder einmal etwas nicht so ist, wie es sein sollte, damit alles in seinem Gehirn möglichst gut zusammenpasst, wird es ebenfalls wieder weinen, bis der inkohärente Zustand – mit entsprechend kompetenter elterlicher Unterstützung – kohärenter geworden ist. Je erfolgreicher diese Lösung eingesetzt werden kann, desto fester wird sie im kindlichen Gehirn verankert.

Wird Weinen als Lösungsversuch jedoch allzu oft und immer lauter und fordernder bei jeder kleinen Unstimmigkeit eingesetzt, wird das betreffende Kind möglicherweise erleben, dass die Eltern weniger besorgt reagieren und es mit seinem jeweiligen Problem gelegentlich auch einmal allein lassen. Für die damit einhergehende Inkohärenz findet das Kind dann meist auch eine Lösung: sich an eine andere Hilfsperson zu wenden oder es allein zu versuchen. Wenn das klappt, wird auch diese Lösung im Hirn gebahnt. Manche Kinder sind so sehr über ihre wachsenden Kompetenzen zur Bewältigung schwieriger Situationen begeistert, dass sie immer wagemutiger werden. Dann bekommen die Eltern Angst und versuchen ihr Kind von allzu waghalsigen Unternehmungen abzuhalten. Manche Kinder lassen sich so bremsen, andere aber auch nicht. Die müssen dann erst selbst vom Klettergerüst herunterfallen, um zu lernen, dass es manchmal besser ist, vorsichtiger zu sein.

Erstmals richtig Angst bekommen kleine Kinder erst dann, wenn sie mit Problemen konfrontiert werden, die sie selbst nicht lösen können: Verlust und Trennung der Eltern, mangelnde elterliche Zuwendung und Unterstützung oder gar Missbrauch. Sehr viele Kinder müssen auch die sehr beängstigende Erfahrung machen, nicht so gemocht, gesehen und angenommen zu werden, wie sie sind. Sie lernen auf diese Weise, dass sie erst dann, wenn sie die jeweiligen Erwartungen und Vorstellungen ihrer Eltern erfüllen, von ihnen wertgeschätzt und »geliebt« werden. Wenn Kinder sich als Objekte der Belehrungen, Bewertungen und sonstiger Erziehungsmaßnahmen ihrer Eltern erleben, verletzt das ihre beiden Grundbedürfnisse – das nach Verbundenheit und Geborgenheit und das nach Autonomie und eigenen Gestaltungsmöglichkeiten – gleichzeitig und erzeugt in ihren Gehirnen eine sehr starke Inkohärenz.

Da sie ihre Eltern, später auch ihre Erzieherinnen und Lehrer nicht verändern können, müssen sie versuchen, sich selbst so zu verändern, dass in ihrem Gehirn alles wieder besser zusammenpasst. So lernen sie, »störende« Bedürfnisse wie ihren Bewegungsdrang, ihre Entdeckerfreude oder ihre Gestaltungslust zu unterdrücken. Im Gehirn verfestigen sich dabei Netzwerke, die einen hemmenden Einfluss auf diejenigen Bereiche haben, in denen diese Bedürfnisse generiert werden. So passen sich diese Kinder an die Vorstellungen und Erwartungen der ihnen wichtigen Personen an und funktionieren dann auch so, wie es von denen erwartet wird. Auch das ist eine Lösung. Manchen gelingt es auf diese Weise sogar, im späteren Leben besonders gut zu funktionieren und sehr erfolgreich zu sein.

Aber so lebendig, wie sie als kleine Kinder einmal waren, bleiben sie dann freilich nicht. Solange der Erfolg im Beruf anhält, erleben sie sich dennoch als durchaus kohärent. Wenn das ständige Bestreben, die nächsten Stufen auf der Karriereleiter zu erklimmen, aber dazu führt, dass die Partnerschaft zerbricht, das Band zu den gemeinsamen Kindern zerreißt oder der eigene Körper im Burn-out-Zustand den Dienst versagt, erwacht bei manchen die Angst und sie ändern ihr Leben so, dass alles – nicht nur im Berufsleben, sondern auch zu Hause und im eigenen Leben – wieder kohärenter wird. Diese Verwandlung erleben sie dann als eine große innere Befreiung.

Die Angst als Entwicklungshelfer für menschliche Gemeinschaften

Menschen sind zutiefst soziale Wesen. Wir können nicht ohne andere leben und alles, was wir wissen und können und was uns hilft, uns im Leben zurechtzufinden, haben wir von anderen

Menschen direkt oder indirekt übernommen. Deshalb macht uns die Vorstellung, von anderen ausgeschlossen und allein gelassen zu werden so viel Angst. Aber das Zusammenleben mit Menschen, die andere Absichten und Ziele verfolgen, die andere Bräuche und Gewohnheiten haben, die anders aufgewachsen sind als wir, ist nicht immer leicht. So vieles von dem, was unterschiedliche Menschen erreichen wollen, und die Art und Weise, wie sie ihre Ziele verfolgen, passt einfach nicht so recht zusammen.

Die Erfahrung dieser sehr viel Energie verbrauchenden Inkohärenz auf der Ebene ihres Zusammenlebens mit anderen macht vielen Menschen Angst. Eine mögliche Lösung zur Überwindung dieser Angst ist der Zusammenschluss mit Gleichgesinnten. »Gemeinsam sind wir stark« lautet dann das kohärenzstiftende Motto. Aber die Angst taucht sofort wieder auf, wenn eine solche Gemeinschaft auf eine andere Gemeinschaft trifft, die ganz andere Absichten und Ziele verfolgt. Entweder es gelingt, etwas zu finden, was diese unterschiedlichen Gruppierungen miteinander verbindet und zusammenhält, oder es gibt Krieg und die Sieger bestimmen fortan, wie es gemeinsam weiterzugehen hat. Eine langfristig tragfähige Lösung ist die Unterwerfung anderer allerdings nicht, denn die Besiegten haben auch weiterhin Angst vor ihren Unterdrückern und versuchen, sich von ihnen zu befreien. Und die Sieger müssen ständig aufpassen, dass sich die von ihnen Unterworfenen nicht erheben.

Als besser geeignet erwiesen und auch über viele Generationen hinweg bewährt hat sich eine andere Strategie, um die unterschiedlichen Vorstellungen, Absichten und Interessen von Menschen unter einen Hut zu bringen und einen einigermaßen kohärenten Zustand des Zusammenlebens in menschlichen Gemeinschaften zu erreichen: die Herausbildung einer hierarchischen Ordnungsstruktur mit einem Anführer an der Spitze und ihm untergebenen oder hörigen Untertanen, schön von oben nach unten geordnet auf den jeweiligen Ebenen der betreffenden Gemeinschaft.

»Die da oben« sagen, was zu tun ist, und die auf den darunterliegenden Ebenen führen aus. Streng hierarchisch geordnete Gemeinschaften zeichnen sich durch ein hohes Maß an innerer Ordnung aus. Solange sie funktionieren, sind sie enorm kohärent und es gibt wenig energieaufwendige Reibungsverluste durch innere Konflikte. Deshalb sind solche hierarchisch geordneten Gemeinschaften in vielen Bereichen enorm leistungsfähig und auch erfolgreich.

Aber genau das, was sie so erfolgreich macht, ist auch gleichzeitig das, woran sie scheitern. Die Mitglieder auf den unteren Rängen der Hierarchie strengen sich enorm an, um aufzusteigen. Am besten gelingt ihnen das durch möglichst interessante Entdeckungen, Erfindungen oder Innovationen, die sie machen und die von den anderen Mitgliedern dieser Gemeinschaften gebraucht, begehrt, bewundert, als nützlich oder wertvoll betrachtet werden. So überwinden diese Erfinder und Entdecker ihre Angst, für immer auf den unteren Plätzen in der Hierarchie verharren zu müssen. Sie steigen auf und ihre Entdeckungen und Erfindungen führen dazu, dass die Welt von Generation zu Generation zunehmend vielfältiger, bunter, reichhaltiger, veränderlicher, also im weitesten Sinn komplexer wird. Zwangsläufig entsteht so irgendwann eine hochkomplexe, globalisierte und digitalisierte Lebenswelt, wie wir sie heute vorfinden.

In dieser Welt ist alles möglich, aber eines überhaupt nicht mehr und auch nie wieder: die alte hierarchische Macht- und Ordnungsstruktur als kohärenzstiftende Lösung zur Organisation des gesellschaftlichen Lebens. Die ist in einer sich so schnell verändernden und immer komplexer werdenden Welt zu starr, zu unflexibel, zu träge und daher auf Dauer ungeeignet, die Kohärenz im Zusammenleben der Menschen in modernen Gesellschaften zu gewährleisten.

Viele Bürgerinnen und Bürger spüren das, fühlen sich verunsichert, haben Angst und suchen nach mehr Verlässlichkeit und Halt. Sie rufen nach einem starken Führer und fordern die Wiederherstellung der verloren gegangenen Ordnung. Aber auch wenn sich immer wieder Politiker finden, die ihnen diese Ordnung versprechen, führt doch kein Weg dorthin zurück. Es sei denn, einer dieser Machthaber schafft es, die Welt wieder so einfach und überschaubar zu machen, wie sie beschaffen sein muss, damit eine strenge hierarchische Ordnungsstruktur als kohärenzstiftende Lösung wieder wirksam werden kann. Dann aber bekommen zu viele weltoffene und gestaltungshungrige Bürger Angst vor den damit einhergehenden Beschränkungen ihrer Freiheit. Sie beginnen nach Lösungen zu suchen, die ein friedliches, kohärenteres Zusammenleben der Menschen, überall auf der Erde und im Einklang mit der Natur ermöglichen. Unklar ist, wie lange das noch dauert und wie viele Rückschläge es dabei noch geben wird, auch wie diese Lösungen aussehen und auf welche Weise sie umgesetzt werden. Aber die Richtung dieses Prozesses ist durch die sich aus dem Zweiten Hauptsatz der Thermodynamik ergebenden Erfordernisse vorgegeben: Es muss kohärenter werden, damit insgesamt weniger Energie verbraucht wird.

Der Weg in die Freiheit beginnt mit der Angst vor dem Unvorhersehbaren

Wenn wir alles im Griff hätten und in der Lage wären, unsere Zukunft tatsächlich so zu gestalten, wie wir sie uns vorstellen und wünschen, wenn wir alles, was künftig geschieht, genau vorhersagen könnten und für alle zu unseren Lebzeiten auftretenden Schwierigkeiten, Probleme und Bedrohungen eine optimale Lösung parat hätten, gäbe es keine Zukunft mehr. Dann würde nur noch alles genau so weitergehen, wie wir es geplant, vorausgesehen und unter Kontrolle zu bringen gelernt haben. Ein Flug zum Mond lässt sich so organisieren, aber unser Leben auf der Erde nicht. Es ist das Grundmerkmal alles Lebendigen, dass jedes Lebewesen allein dadurch, dass es lebt, wächst und sich fortpflanzt, Nahrung zu sich nimmt und die Überreste ausscheidet, zwangsläufig die Welt verändert, in der es lebt. Oder wie es Albert Schweitzer so treffend auf den Punkt gebracht hat: »Ich bin Leben, das leben will, inmitten von Leben, das leben will.«

Keine andere Spezies ist in der Lage, ihre eigene Lebenswelt – und damit auch die Lebenswelt aller anderen Lebewesen – so sehr zu verändern und nach ihren eigenen Vorstellungen zu gestalten wie wir Menschen. Und die Vertreter keiner anderen Art sind deshalb auch so sehr gezwungen, sich immer wieder neu an die von ihnen selbst hervorgebrachten Veränderungen ihrer eigenen Lebenswelt anzupassen. Indem wir irgendetwas in der Welt verändern, erzeugen wir Inkohärenzen. Je stärker sie werden, desto größer wird die Angst, die uns dann so lange begleitet, bis wir eine Lösung gefunden haben, die das so entstandene Durcheinander wieder etwas kohärenter macht.

Bisher haben die meisten Menschen überall auf der Erde diese Lösungen immer wieder im Außen, also in der sie umgebenden Lebenswelt gesucht und diese Welt so lange umgestaltet, bis sie wieder besser zu ihren jeweiligen Bedürfnissen und Vorstellungen passte. Zwangsläufig sind dadurch in anderen Bereichen ihrer Lebenswelt immer wieder neue Inkohärenzen entstanden. Wenn die hinreichend stark wurden, bekamen die Menschen wieder Angst und begannen nach geeigneteren Lösungen zu suchen – ebenfalls wieder im Außen und ebenfalls wieder, indem sie dort erneut Veränderungen erzeugten, die sie nicht vorhergesehen hatten und die ihnen Angst machten. Dieser Blick in unsere eigene Entwicklungsgeschichte macht auf anschauliche und leicht nachvollziehbare Weise deutlich, wie sich die Menschheit als lebendes System selbst organisiert und was diesen Selbstorganisationsprozess immer wieder in eine bestimmte Richtung lenkt: die sich aus dem Zweiten Hauptsatz der Thermodynamik ergebende Notwendigkeit, den zur Aufrechterhaltung der Struktur und Funktion eines lebenden Systems erforderlichen Energieaufwand zu minimieren. Der steigt, wenn manches nicht mehr so gut zusammenpasst. Und um ihn wieder zu verringern, muss eine passende, die verloren gegangene Kohärenz wieder herstellende Lösung gefunden werden. Das scheint nun schon seit Beginn der Menschheitsgeschichte immer wieder so abgelaufen zu sein. Als zwangsläufiges Nebenprodukt der dabei ständig wieder auftauchenden Angst und der dann auch dafür wieder gefundenen kohärenzstiftenden Lösungen ist allerdings auch etwas entstanden und ständig weiter gewachsen, was anfangs noch nicht in diesem Ausmaß vorhanden war: Erkenntnis – zunächst über die Beschaffenheit der Welt, aber dann auch zunehmend über unsere eigene Beschaffenheit. Dass es genau um diese Selbsterkenntnis geht, hatten ja bereits die alten Griechen aus Delphi in den Stein ihres Orakel-Tempels gemeißelt. Aber dass wir Menschen die Angst brauchen, um dorthin zu gelangen, haben die Tempelpriester nicht verraten.

Bis heute ist vielen Menschen noch immer nicht klar, wie leicht wir uns auf unserer Suche nach Wegen aus der Angst verirren und in fatale Sackgassen geraten können. Der immer neue Versuch, einen inkohärent gewordenen Zustand wieder etwas kohärenter zu machen, führt zwangsläufig auch zu Irrtümern. Wenn wir die endlich erkennen und die Vorstellung unserer eigenen Unfehlbarkeit erschüttert wird, bekommen wir besonders große Angst. Die lehrt uns dann das, was wir Demut nennen. Auch die Bereitschaft, fortan aus unseren Fehlern zu lernen. Vielleicht sind wir dann sogar bereit, uns selbst zu verändern.

Aber bereits die Vorstellung, einen endlich erreichten und als zumindest einigermaßen passend empfundenen kohärenten

Zustand aufzugeben, macht uns Angst. Deshalb lassen wir dann doch lieber alles beim Alten, halten fest an unseren Gewohnheiten und versuchen so zu bleiben, wie wir geworden sind. Aber auch das funktioniert nur so lange, wie die Welt, in der wir leben, sich nicht allzu schnell und allzu stark verändert. Sonst wird es über kurz oder lang zunehmend unbehaglicher. Wir spüren, dass es so nicht weitergehen kann, versuchen die Welt wieder in den Zustand zu versetzen, wie wir sie kannten, und wir bekommen Angst, wenn wir zu erkennen beginnen, dass uns das nicht mehr gelingt.

Als einzige Lösung bleibt dann nur noch die eigene Veränderung übrig. Und Menschen können sich ja auch verändern, sogar sehr grundlegend, aber nur dann, wenn sie es auch selbst wollen. Und wer sein bisheriges Verhalten ändern will, wird das nur dann tun, wenn das, was ihn anschließend erwartet, seiner inneren Natur besser entspricht als das, was er bisher gemacht hat. Wenn er sich dadurch wieder lebendiger und glücklicher fühlt, als das bisher der Fall war. Wie aber findet jemand zu dem zurück, was seiner Natur besser entspricht, so dass er sich endlich »in seinem Element« erlebt? Wie kommt so jemand wieder mit all den lebendigen Anteilen und Bedürfnissen in Kontakt, die sie oder er bisher so tapfer unterdrückt hatte, um optimal zu funktionieren und möglichst erfolgreich zu sein? Das ist nicht möglich, solange eine Person mit den von ihr eingesetzten Verhaltensweisen und den ihnen zugrundeliegenden inneren Einstellungen und Haltungen noch recht erfolgreich unterwegs ist. Um wieder mit sich selbst in Kontakt zu kommen, müssen diese Muster erschüttert, destabilisiert, also in einen inkohärenten Zustand gebracht werden. Erst dann besteht die Chance, dass sich die das eigene Denken, Fühlen und Handeln bestimmenden Muster umorganisieren.

Moshé Feldenkrais hat das bereits in den 1950er Jahren für das Wiederfinden natürlicher Bewegungsmuster beschrieben. Otto Scharmer nennt es in seiner U-Theorie »Presencing«. Und in der Biologie heißt dieses Grundprinzip jeden Neuanfangs und damit jedes wieder in Gang kommenden Entfaltungsprozesses »Entdifferenzierung«. Eine Leberzelle lässt sich weder durch Drücken noch durch Ziehen in eine Lungenzelle verwandeln. Aber inzwischen verfügen die Molekularbiologen über Verfahren, die sie einsetzen, um eine solche Leberzelle – ebenso wie auch andere ausdifferenzierte Körperzellen – dazu zu bringen, sich durch Entdifferenzierung in eine pluripotente Stammzelle zurückzuverwandeln. Ihr Zustand gleicht dann wieder dem, in dem sie sich schon einmal während der Embryonalentwicklung befunden hatte, bevor sie zu so einer hochdifferenzierten und spezialisierten Körperzelle wurde. Und diese pluripotente Stammzelle kann anschließend, wenn ihr dafür geeignete Bedingungen geboten werden, indem sie dann einfach »ihrer Natur folgt«, wieder zu einer hochdifferenzierten Zelle, beispielsweise zu einer Lungenzelle, ausreifen.

Was aber wäre das geeignete »Entdifferenzierungsverfahren« für Menschen, um in ihnen den Wunsch zu wecken, sich und ihr bisheriges Leben grundsätzlich zu verändern? Sie müssten Gelegenheit bekommen, wieder mit ihren ursprünglich einmal ausgeprägten, dann aber zunehmend von ihnen und in sich selbst unterdrückten, abgespaltenen und verdrängten Anteilen und Bedürfnissen in Berührung zu kommen. Mit ihrer ursprünglich einmal vorhandenen Entdeckerfreude, zum Beispiel. Oder mit ihrer Gestaltungslust, mit ihrer Sinnlichkeit, ihrer Offenheit und ihrem Einfühlungsvermögen, auch mit ihrem Bedürfnis, sich um etwas zu kümmern und Verantwortung für etwas zu übernehmen. Was dann mit ihnen und in ihnen geschieht, wie sie fortan unterwegs sind, was sie künftig tun und vor allem lassen, ist allerdings etwas ganz anderes als das, was wir so leichthin »Veränderung« nennen. Das ist eine Verwandlung. Verändern können wir Bauwerke und Maschinen, aber nichts, was lebendig ist. Denn alles, was lebt, kann sich nur selbst verändern, und auch nur, indem es sich verwandelt.

Auch zu dieser Erkenntnis wären wir nicht gelangt, hätte uns die Angst nicht immer wieder gezwungen, nach noch besser geeigneten Lösungen zur Wiederherstellung eines kohärenten Zustands zu suchen. Bemerkenswert ist, wie wir auf dieser Jahrtausende lang währenden Suche zwangsläufig und letztendlich bei uns selbst und unserem eigenen Selbstverständnis angekommen sind. »Die Natur lässt sich nicht ändern, außer dass man sich ihr fügt«, schrieb uns schon Gregory Bateson ins Stammbuch. Aber der Natur kann sich nur jemand fügen, der sich selbst als Teil dieser Natur nicht nur versteht, sondern sich auch so erlebt. Wem das gelingt, der lebt fortan im Einklang, in Kohärenz mit der Natur, auch mit seiner eigenen. Er wird sich darüber freuen, dass sich das Leben nicht beherrschen lässt, er wird die Vielfalt natürlicher Lebensformen bestaunen und die Unvorhersehbarkeit des Lebens dankbar annehmen. Nicht mehr ständig zu müssen, sondern endlich zu dürfen, ist das Grundgefühl der Freiheit.

Danke, liebe Angst, dass du uns auf dem Weg dorthin so eindringlich begleitet hast und auch weiterhin begleiten wirst.

Fazit: Was ich mir wünsche

Wir leben in einer Welt, in der vieles nicht so ist, wie es sein sollte. Wir haben Träume, Sehnsüchte und Vorstellungen, die wir gern verwirklichen wollen. Getragen von der Hoffnung, dass uns das gelingt, machen wir uns auf den Weg. Manche geraten dabei auf Abwege und unweigerlich stoßen wir auch immer wieder auf Hindernisse. Die am häufigsten auftretenden lernen wir, mehr oder weniger geschickt, beiseitezuräumen, gegen andere versuchen wir mehr oder weniger verbissen anzukämpfen und bisweilen gelingt es uns auch, die eine oder andere uns den Weg versperrende Hürde zu überwinden. Einige scheitern aber auch dabei, geben auf und machen es sich dann resignierend irgendwo unterwegs für den Rest ihres Lebens zumindest noch einigermaßen bequem. Nur wenige erreichen in ihrem Leben auch wirklich das, was sie vorhatten, und verwirklichen ihren jeweiligen Traum – bis sie feststellen, dass auch dann nicht alles so ist, wie sie es sich vorgestellt hatten. Die meisten aber vergessen angesichts der vielen Abwege, auf die sie geraten, und der Hindernisse, die sie fortwährend beiseiteräumen, wo sie ursprünglich einmal hinwollten.

Ich wünsche mir, dass Ihnen all das erspart bleibt. Dass Sie sich nach der Lektüre dieses Buches zu fragen beginnen, was sich hinter all diesen Träumen, Sehnsüchten und Vorstellungen verbirgt, denen Sie bisher gefolgt sind. Vielleicht erkennen Sie dann, dass darin auf die eine oder andere Weise doch immer nur die beiden, bereits bei Ihrer Geburt mit auf die Welt gebrachten, Grundbedürfnisse verborgen sind. Um sie zu stillen, haben Sie Ihre jeweiligen Vorstellungen abgeleitet, denen Sie bisher gefolgt sind. Aber es waren nur Ideen und die führen bisweilen auch auf Abwege. Die beiden Grundbedürfnisse, das nach Verbundenheit und Geborgenheit und das nach Autonomie und Freiheit, sind aber Teil unserer menschlichen Natur und Ausdruck unserer Lebendigkeit. Wer es schafft, sie im tagtäglichen Leben und im Zusammenleben mit anderen zu stillen, der kann auf der Suche nach einem glücklichen Leben nicht mehr auf Abwege geraten. Deshalb wünsche ich mir, dass es Ihnen gelingt, diese beiden Grundbedürfnisse in sich wiederzuentdecken und ihnen zu folgen. Dann wären Sie wieder mit sich selbst und nicht mehr länger mit Ihren Träumen, Sehnsüchten und Vorstellungen verbunden. Die sind individuell sehr unterschiedlich, aber die beiden Grundbedürfnisse tragen alle Menschen, überall auf der Welt zu allen Zeiten in sich. Sie sind auch das, was uns alle miteinander verbindet. Anstatt ständig weiter danach zu suchen, wie sich Ihre persönlichen Träume, Sehnsüchte und Vorstellungen verwirklichen lassen, könnten Sie auch versuchen, Ihr Zusammenleben mit anderen so zu gestalten, dass Sie sich, ebenso wie diese anderen, gleichermaßen verbunden und geborgen wie auch selbstbestimmt und frei fühlen. Dann wären Sie wieder bei sich selbst, bei Ihrer »Natur« angekommen. Dann könnten Sie auch sich selbst wieder als Teil dieser weit über sie hinausreichenden lebendigen Natur erleben.

Dann würden Sie fortan nichts mehr tun können, was die Vielfalt und den Fortbestand alles Lebendigen bedroht, ohne damit auch gleichzeitig Ihr eigenes Leben zu bedrohen. Sie würden sich nicht mehr als getrennt von anderen Menschen und anderen Lebewesen erleben, würden aufhören, andere Menschen und andere Lebewesen zu Objekten Ihrer Absichten und Ziele, Ihrer Vorstellungen und Maßnahmen zu machen, denn auf diese Weise würden Sie das Band ja zerreißen, das Sie mit diesen anderen verbindet. Dann bräuchten Sie auch keine Angst mehr zu haben und könnten endlich wieder frei und unbefangen den Zauber und die Vielfalt alles Lebendigen in sich aufnehmen, also erleben. Dann wären Sie auch mit der allem Lebendigen innewohnenden Unbestimmtheit, Unkontrollierbarkeit und Unvorhersehbarkeit versöhnt.

Dass das sehr leicht dahergesagt ist, weiß ich auch. Wir hängen an unseren Überzeugungen, so hatte es Karl Marx in jungen Jahren schon erkannt, »wie an Ketten, derer zu entledigen uns das Herz zerreißt«. Denn unsere Vorstellungen sind ja keine bloßen gedanklichen Konstrukte, wie viele glauben. Sie sind in viel stärkerem Maß mit unseren Gefühlen verknüpft und deshalb emotional aufgeladen, als wir das vor uns selbst zuzugeben bereit sind. Sie bringen, wie fragwürdig sie auch immer sein mögen, genau das zum Ausdruck, was wir in unserem Leben für bedeutsam und wichtig halten. Deshalb wünsche ich mir, dass die Lektüre dieses Buches Sie einlädt, ermutigt und inspiriert, Ihren Träumen und Sehnsüchten und den daraus abgeleiteten Vorstellungen und Überzeugungen noch einmal nachzuspüren. Und ich wünsche mir, dass Sie dabei herausfinden, weshalb Sie zu diesen Überzeugungen gekommen sind, woher sie stammen und weshalb Sie so sehr daran hängen.

Spätestens dann werden Sie bemerken, dass Sie kein Einzelwesen sind, sondern dass Sie die meisten dieser Vorstellungen von anderen, Ihnen wichtigen Personen, oft schon sehr früh in Ihrer Kindheit, übernommen haben. Das hat Ihnen geholfen, sich mit diesen Personen verbunden, sich bei ihnen geborgen zu fühlen. Aber auch die Ihnen wichtigen Personen hatten ja ihre jeweiligen Träume und Sehnsüchte, Vorstellungen und Überzeugungen selbst auch schon von den ihnen bedeutsamen Bezugspersonen übernommen. Das konnten Sie damals noch nicht durchschauen. Und Sie konnten auch noch nicht nachprüfen, ob diese Vorstellungen zutreffend oder zumindest hilfreich für Ihre eigene Lebensgestaltung sein würden. Kein Wunder also, dass es so viele Menschen gibt, die noch immer mit Vorstellungen unterwegs sind, die längst nicht mehr in unsere und damit auch ihre gegenwärtige Lebenswelt passen.

Dass die Angst durch Kontrolle besiegbar sei, ist die wahrscheinlich am längsten auf diese Weise transgenerational weitergegebene Vorstellung. Aus ihr leitet sich die Überzeugung ab, dass sich im Verlauf des Lebens auftretende Schwierigkeiten und Bedrohungen durch überlegtes Handeln vermeiden oder überwinden lassen. Auf den ersten Blick stimmt das ja auch. Aber haben wir die meisten Probleme, die uns das Leben so schwer machen und die inzwischen sogar unser Überleben auf diesem Planeten bedrohen, nicht erst selbst geschaffen, weil wir unseren Vorstellungen von einer besseren Welt und einem bequemeren und sorgloseren Leben gefolgt sind? Dass es nun nicht so geworden ist, wie wir es erwartet und erhofft hatten, macht uns Angst. Aber die können wir doch nicht überwinden, indem wir uns nun noch mehr anstrengen und versuchen, künftig alles noch besser in den Griff zu bekommen. So machen wir uns doch nur noch mehr zu Getriebenen, die angekettet an ihre fragwürdigen Vorstellungen immer schneller um den Pfahl herumrennen, den wir für unser »Ich« halten.

Ich wünsche mir, dass es in Zukunft immer mehr Menschen gelingt, einander dabei zu helfen, sich von all diesen Vorstellungen, worauf es angeblich im Leben ankommt, zu befreien. Es gibt überall genug zu tun und es gibt so vieles, um das wir uns kümmern könnten, das es zu schützen und zu bewahren gilt. Jede und jeder von uns verfügt über ein besonderes Talent und kann irgendetwas besonders gut. Wer etwas tut, was ihm wirklich Freude macht, fühlt sich in seinem Element, ist glücklich und vollbringt dann scheinbar mühelos oft sogar ganz Außergewöhnliches.

Das Leben ist ein Abenteuer. Es steckt voller Überraschungen und es birgt auch Gefahren. Wir können unser Leben als Geschenk annehmen und uns über all das freuen, was es für uns bereithält. Aber wir können es nicht planen und kontrollieren oder gar ordnungsgemäß und mehr oder weniger erfolgreich zu Ende bringen. Auch dass wir uns im Leben verirren können, gehört zu diesem Abenteuer. Aber ebenso, dass wir in der Lage sind, unsere Irrtümer zu erkennen und zu jedem Zeitpunkt unseres Lebens wiederzufinden, was wir unterwegs verloren haben. Und wenn wir das wollen, ist es auch möglich, unser bisheriges Denken, Fühlen und Handeln zu verändern. Sogar sehr grundsätzlich, auch viel tiefreichender und nachhaltiger, als wir uns das auf der Grundlage unserer bisherigen Vorstellungen zuzugestehen bereit waren.

Ich wünsche mir, Sie hätten Lust, es einmal auszuprobieren. Es ist ganz leicht und Sie müssen sich dabei auch überhaupt nicht anstrengen. Sobald Sie diese letzten Zeilen gelesen haben, könnten Sie versuchen, ab sofort etwas liebevoller mit sich selbst umzugehen. Liebevoll zu sich selbst zu sein, ist doch nicht so schwer. Und damit müssen Sie auch nicht warten, bis alle anderen das ebenfalls tun. Fangen Sie einfach mal an. Zum Beispiel, indem Sie nichts mehr essen, was Ihnen nicht guttut. Auch nicht auf eine Art und Weise, die Sie als lieblos gegenüber sich selbst empfinden – an hässlichen Orten, mit unangenehmen Gefühlen, unter Zeitdruck oder aus anderen Gründen freudlos. Womöglich gar mit einem schlechten Gewissen, weil Sie etwas essen, das unter für Sie inakzeptablen Bedingungen produziert worden ist. Das wäre alles lieblos und es bekommt Ihnen ja auch nicht. Bemerken werden Sie diesen Unterschied aber erst dann, wenn Sie es selbst ausprobieren.

Das Gleiche gilt freilich ganz genauso für die geistige Nahrung, die Sie zu sich nehmen. Was müssen Sie sich tagtäglich nicht alles anhören und anschauen, wenn Sie wieder einmal vergessen haben, etwas liebevoller mit sich umzugehen. Schalten Sie den Fernsehapparat, das Radio, Ihre digitalen Geräte doch einfach mal ab. Es zwingt Sie doch niemand dazu, sich all das dort Präsentierte anzuschauen und anzuhören. Und es ist doch recht lieblos, das eigene Hirn mit all diesen Unterhaltungssendungen, Krimis, Dauerberieselungen und all dem zu beschäftigen, worüber Sie sich dann anschließend womöglich auch noch ärgern. Schalten Sie das doch alles mal ab. Sie werden sich wundern, wie viel Zeit Sie plötzlich für sich selbst, für Ihre Liebsten, für Ihre Freunde und Bekannten haben. Mit denen können Sie sich dann auch darüber austauschen, wie gut es Ihnen geht, seitdem Sie damit begonnen haben, etwas liebevoller mit sich selbst umzugehen. Dabei werden Sie auch bemerken, wie viele andere Gelegenheiten es noch gibt, um etwas liebevoller zu sich selbst zu sein.

Es mag Sie anfangs erstaunen, aber es lässt sich gar nicht verhindern, dass Sie dann auch liebevoller mit anderen Menschen umzugehen beginnen, sogar mit Tieren und Pflanzen, mit der Natur und allem, was Sie umgibt. Weil Sie sich selbst verwandelt haben, verwandeln Sie nun die Welt – mit Freude und Leichtigkeit. Für Angst machende Vorstellungen ist dann einfach kein Platz mehr in Ihrem Gehirn.

Das ist es, was ich Ihnen wünsche.